Mi vida impactante

Mi vida img...

NURISS CLARK

Mi vida impactante
Del dolor al propósito

***Copyright* © 2025 Nuriss Clark**
Todos los derechos reservados.

Ninguna parte de esta publicación puede ser reproducida, almacenada en un sistema de recuperación, ni transmitida de ninguna forma ni por ningún medio —electrónico, mecánico, fotocopia, grabación o cualquier otro— sin el permiso previo por escrito del titular de los derechos de autor. Esta es una obra de no ficción basada en hechos reales. Algunos nombres y detalles identificativos pueden haber sido modificados para proteger la privacidad de las personas.

ISBN: 979-8-9999448-1-8

Para permisos o consultas, contactar a:
Nuriss Clark

Correo electrónico: Nurisslife@gmail.com

DEDICATORIA

Este libro está dedicado a todos aquellos que han emprendido el viaje de la inmigración, enfrentando desafíos, sacrificios y soledad en busca de una vida mejor.

A quienes dejaron atrás su tierra natal y tropezaron con muros de indiferencia mientras intentaban alcanzar sus sueños.

A las mujeres que han sido acosadas o abusadas, y que luchan por salir de entornos peligrosos sin saber a dónde ir.

A los indigentes. A los sin hogar, que cada noche buscan un rincón donde dormir en paz.

A los niños y jóvenes que crecen sin familia, sin guía, sin un abrazo seguro... los abrazo yo, desde estas páginas.

A todos ustedes les dedico este libro como un homenaje a su fortaleza y perseverancia.

Que Dios les conceda pronto un lugar de descanso y de paz —un hogar donde puedan sentirse protegidos, valorados y profundamente amados.

A cada lector que ha caminado conmigo palabra por palabra:

Que esta historia te recuerde que hay un Dios que ve, que escucha, que restaura y que transforma.

Porque si Dios lo hizo conmigo... también puede hacerlo contigo.

AGRADECIMIENTOS

Quiero comenzar este viaje de gratitud reconociendo a Dios, mi fuente inagotable de sabiduría, fortaleza y guía. Sin Su amor y dirección, este libro no habría sido posible. Cada palabra escrita está impregnada de la certeza de que fue Él quien me dio el valor, la fuerza y la inspiración para seguir adelante aun en medio de las pruebas más difíciles.

A mi familia y seres queridos: Desirée, Laurie, Bradley, Lissette y Angytto, gracias por su apoyo incondicional, por su paciencia, su amor y su fe en mí. Ustedes han sido el motor que me impulsó a continuar, incluso cuando el camino parecía imposible.

A mis amigos y hermanos de la Iglesia Alpha & Omega Miami, gracias por ser un refugio espiritual en mi vida. En especial, a los pastores Alberto y Mariam Delgado, por su liderazgo lleno de sabiduría, amor y visión. Les bendigo con todo mi corazón.

A los pastores Gabriel y Ayskel Russian, quienes profetizaron que este libro llegaría hasta los confines de la tierra, y a Vicky Sotolongo, que también recibió de parte de Dios palabra viva sobre esta obra. Gracias por recordarme el propósito eterno detrás de cada página.

Agradezco también a los Pastores Osorio, al ministro Wellington, a los ministros Maltez, y a mis amigos del grupo Bendecidos y Cumpleaños & Fiesta, quienes con su alegría, oraciones y palabras de ánimo han sostenido mi espíritu de forma preciosa.

Gracias con todo mi corazón a:

Legna García, Madeline, Tito, Isabel, Blanca, Erika, John, María Luna, Los Rollins, Jacqueline, Zobeida, Lucesita, Pastora Griselda y familia, Alexandria & Joey, Pablo, Gaby, Yngrith, Rosa, Yessika E, Cecilia Alegría, Fabio, Carolina, Denia, Zobeida, Lorena, María Peláez, Marina, Vivian, Ana, Milagros, Mirna, Paola, Vanessa, Yamil, Jimmy, Maribel, Odexsy, Yudeisy, Fer, Tatiana, Daira, Julio, Lilibeth, Débora, Aviaser, Ludyn, Alexa, María Luna, Kathya, Samon, Mary, Duber, Annette, Cadmiel, Johanna, María & Olga, Liliana, Hueimar, David y a todos mis amigos que han estado a mi lado. Sus vidas han tocado la mía de maneras que las palabras no alcanzan a describir.

Este libro no es solo mío...también es de ustedes.

Gracias por caminar conmigo.

CARTA AL LECTOR

Gracias por abrir las páginas de este testimonio real, nacido del alma y forjado en las pruebas más intensas de la vida. Cada capítulo que leerás es un suspiro, una lágrima... y una victoria.

Este libro no es solo una autobiografía; es una carta abierta a los corazones rotos, una luz para quienes caminan por sendas oscuras, y un abrazo para los que sienten que nadie los comprende.

En estas páginas te comparto mi historia tal y como fue vivida: sin adornos, sin máscaras. Dormí en trenes. Lloré en silencio. Caminé sin rumbo con el alma hecha pedazos. Pero también aprendí a levantarme, a creer en las promesas de Dios y a descubrir que, aún en el valle más profundo, Él sigue obrando.

Este libro es para ti...

Para ti que has sufrido.

Para ti que alguna vez pensaste en rendirte.

Para ti que necesitas recordar que no estás solo.

Gracias por dejarme acompañarte a través de estas páginas.

Gracias por leerme con el corazón abierto.

Y, sobre todo, gracias por creer —como yo lo hice— que del dolor también nace el propósito.

ÍNDICE

Introducción 15
Capítulo 1: Algo está por comenzar 17
Capítulo 2: Donde todo comenzó. 23
Capítulo 3: Una decisión que partió el camino 35
Capítulo 4: Obstáculos, la despedida de Santo Domingo . . 85
Capítulo 5: La llegada a Estados Unidos – Primeros pasos . .109
Capítulo 6: Cuando todo se nubló. 159
Capítulo 7: Puerto Rico y el proceso que forjó mi carácter . . 231
Capítulo 8: El refugio que sanó mis heridas 293
Capítulo 9: Enfrentar el dolor y dar el primer paso. 311
Capítulo 10: Agustín y la promesa del hogar 329
Capítulo 11: Al Volante del Propósito 361
Capítulo 12: La llave de un sueño 387
Capítulo 13: Territorio conquistado 401
Conclusión: Hasta aquí... pero no el final. 413
Oración Final 419

INTRODUCCIÓN

Cuando comencé a escribir esta historia, no lo hice ni desde la comodidad ni desde el éxito, sino desde la memoria viva del dolor.

Cada palabra nació en el crisol de la lucha, en el eco de noches frías, en el temblor de los pasos solitarios por un país que no era mío.

Este libro no es solo un recuento de hechos. Es una travesía emocional. Es un mapa del alma de una niña adolescente que, sin tener a nadie, eligió creer. Creer en Dios. En Sus promesas. En la posibilidad de un mañana.

A través de estas páginas revivirás no solo mis lágrimas, sino también los abrazos que me faltaron, las veces que dormí sin techo, los momentos en que sentí que no iba a lograrlo... y los milagros que comenzaron a abrirse paso entre el dolor.

Hoy, te doy la bienvenida a esta historia. A mi historia. Pero también, quizá, a la tuya.

Porque si alguna vez has sentido que nadie te ve, que tu voz no importa, o que el mundo te ha olvidado... este libro es para ti. Para recordarte que sí se puede. Que hay propósito detrás del sufrimiento. Que Dios no abandona.

Bienvenido, lector querido.

Gracias por estar aquí.

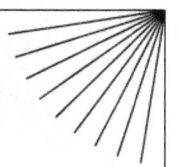

CAPÍTULO 1

Algo está por comenzar

Era una mañana fresca de otoño. El viento, juguetón, arrastraba las hojas secas por el suelo como si susurrara un mensaje que solo algunos podrían entender.

A lo lejos, se escuchaban pasos apresurados...

¡Tac, tac, tac!

Alguien venía corriendo con prisa, como si llegara tarde a una cita que el destino había marcado desde siempre.

Las risas de los niños subían por los pasillos, rebotaban en las paredes y flotaban en el aire como pequeñas burbujas de alegría.

Mientras tanto, los lápices ya comenzaban su danza sobre el papel.

Ras, ras, ras...

El sonido del grafito deslizándose llenaba el salón como un suave murmullo de fondo.

Todo parecía igual a cada mañana...

Pero había algo distinto.

Una sensación.

Un susurro invisible.

Un presentimiento que flotaba en el ambiente.

La puerta del salón se abrió de golpe.

—¡Hola, hola, hola! —saludó la maestra Grey, con su sonrisa siempre radiante.

Los niños respondieron en coro, alegres, sin sospechar lo que estaba por suceder.

En ese preciso instante, entré al aula.

Al principio, nadie pareció notarlo. Pero yo sí lo sentí.

En lo más profundo de mi pecho algo se apretó levemente.

Una vocecita interior me susurró al oído:

"Este día cambiará todo."

El viento se coló por la ventana, agitando las cortinas como si intentara anunciar el inicio de algo importante.

Los niños tomaron asiento.

Los lápices se detuvieron.

La maestra se quedó en silencio.

Y entonces...

Un silencio denso envolvió el aula.

No era un silencio que asustara... Pero sí uno que hacía latir el corazón un poco más rápido.

Como si el universo, en ese instante, estuviera a punto de revelar un secreto.

Y sin entender aún el por qué...

Supe, con absoluta certeza,

que nada volvería a ser igual.

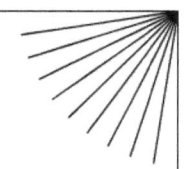

CAPÍTULO 2

Donde todo comenzó:
Infancia, adolescencia, fe,
revelaciones, Los sueños
y el primer impulso

Cierro los ojos... y de inmediato regreso.

Regreso a ese tiempo donde la fe lo llenaba todo.

Donde no teníamos lujos, pero sí algo que brillaba más fuerte que cualquier tesoro:

la presencia de Dios en casa.

Mi mamá se levantaba cada día antes que el sol.

No había alarma, ni desayuno servido todavía.

Lo que nos despertaba era algo mucho más poderoso:

la oración.

Su voz suave recorría cada rincón, como si Dios mismo caminara por nuestro hogar en la penumbra de la madrugada.

Y mientras afuera todo dormía, dentro de nuestra casa ya se libraban batallas invisibles... de rodillas.

Papá era un pastor humilde de la Iglesia Asamblea de Dios.

Nunca lo vi quejarse, ni llenarse de orgullo.

Solo lo veía con una Biblia en la mano y una fe que no se doblaba.

Recuerdo los himnos:

"Alabaré, alabaré, alabaré a mi Señor…"

Esa melodía se tatuó en mi alma; formó parte de los cimientos de mi corazón.

Antes de saber leer, ya recitaba salmos.

Antes de aprender el abecedario, ya sabía cómo hablar con Dios.

Vivíamos con poco, pero teníamos mucho.

Éramos siete hermanos. Compartíamos lo material, pero lo más valioso era invisible:

los valores.

Nuestra casa era sencilla, pero estaba llena de algo que no se ve:

presencia, propósito y protección.

Mis padres fueron los pilares. No necesitaban palabras rebuscadas, su vida rendida hablaba por sí sola.

Nos enseñaron que, si confiábamos en Dios, Él sería siempre nuestro refugio.

Y esa fue la base de todo.

Fui creciendo entre emociones, luchas y aprendizajes.

Al principio estudié en una escuelita de mi pueblo: Sánchez, Samaná, cerca de Las Terrenas.

Ahí conocí a la señorita Grey.

Y sin yo saberlo... ella vio algo en mí.

Algo diferente.

Esta niña no pertenece al primer grado —dijo un día.

Me hicieron pruebas y para sorpresa de todos, terminé en tercer grado.

La misma maestra que me descubrió, quedó sin palabras.

Desde entonces supe algo muy profundo:

Puedo avanzar, aun cuando el mundo me dice: "espera".

Después de un tiempo, nos mudamos a Santo Domingo.

Estudié en el colegio Montessori, donde otra vez fui promovida, esta vez al sexto grado.

Luego, la vida nos llevó a Piedra Blanca de Bonao.

En la escuela Ambrosia Ramírez de Abad, me inscribieron en sexto, aunque en poco tiempo me

pasaron al octavo. No fue fácil. Pero aprendí una lección que me ha acompañado siempre:

Lo que Dios siembra en tu mente, nadie puede detenerlo.

La fe que me habían sembrado no era solo religión. Era fuego.

Era lo que me impulsaba a seguir soñando, aun cuando el bolsillo estaba vacío.

Y cuando volvimos a Sánchez, ese fuego se encendió aún más.

Nuestra iglesia pentecostal era un remolino de fe viva.

Y en medio de ese avivamiento, algo inesperado sucedió:

Yo, siendo aún una niña, me paraba al frente y predicaba.

Las palabras no salían de mí... Fluían. La gente gritaba: "¡Amén!", "¡Aleluya!"

Yo solo sentía que hablaba lo que Dios ponía en mi corazón.

Recuerdo aquellas caras sorprendidas. Gente mayor con lágrimas. Otros con sonrisas.

Y yo... simplemente hablando, con el corazón latiendo fuerte.

Pero no todo era fácil.

Comencé a tener sueños... **Sueños diferentes.** Veía cosas que iban a pasar. A veces, incluso la muerte de personas cercanas. Se lo contaba a mis padres. Me escuchaban con respeto y atención.

Sabían que algo especial me estaba sucediendo. Pero yo era una niña...Y, aunque sentía que tenía un don, me asustaba. Poco a poco, fui apagando ese lado espiritual... Tal vez por miedo, tal vez por no saber qué hacer con tanto.

Hoy me pregunto: ¿Y si lo hubiera abrazado desde el principio? Tal vez... muchas cosas en mi vida hubieran sido distintas.

A los doce años, mi vida cambió por completo.

Una noche, lo sentí. **Dios me habló de forma clara, como si llamara mi nombre.**

Me mostró que mi camino no sería fácil... pero que tenía un propósito eterno.

Y así comenzó mi viaje.

Un viaje lleno de pruebas, lágrimas y milagros.

Un viaje donde la fe sería mi escudo.

Y donde cada caída sería parte del plan para levantarme más fuerte.

Una adolescente con alas y heridas

Tenía apenas doce años... pero por dentro, sentía que el mundo ya me exigía ser adulta.

Afuera, seguía siendo una niña.

Por dentro, una guerra silenciosa comenzaba a encenderse.

Después de aquel momento donde sentí que Dios me habló tan claro, todo cambió.

Ya no era solo la niña que recitaba salmos.

Ahora tenía preguntas...

Sentimientos que no entendía...

Sueños que dolían...

Y una fe que seguía viva, pero que empezaba a temblar con los vientos confusos de la adolescencia.

Mis padres seguían siendo el ancla.

Sin embargo, sentía que algo en mí comenzaba a soltarse.

Como si mis alas quisieran volar...

pero el cielo estuviera cargado de tormentas.

En la escuela ya no me sentía parte de nada.

Era la que avanzaba más rápido, la que pensaba distinto, la que no encajaba.

Y aunque muchos me miraban con admiración por mis logros,

yo solo quería ser una niña normal.

Empecé a sentirme sola.

No por falta de gente...

sino porque nadie entendía lo que pasaba dentro de mí.

Las noches se convirtieron en mi refugio.

Ahí, entre las sábanas y las lágrimas silenciosas, hablaba con Dios.

Le contaba mis miedos.

Le preguntaba por qué me sentía así.

Y aunque muchas veces no recibía respuestas...

sentía que Él me escuchaba.

Fue también en esa etapa cuando el mundo mostró su rostro duro.

Las cosas comenzaron a cambiar en casa.

Los problemas económicos apretaban más.

Las discusiones se volvían frecuentes.

Y aunque papá y mamá seguían luchando con fe, el ambiente ya no era el mismo.

Yo, que venía de una niñez tan protegida,

comencé a entender que la vida también golpea fuerte. Y que lo más difícil aún estaba por llegar...

Un día, sin aviso, la vida nos sacudió de raíz.

Tuvimos que empacar todo y mudarnos.

Otra vez. Era como empezar de cero, solo que ahora con más miedo y menos esperanza.

Dejé atrás mi escuela, mis amigas, mi iglesia.

Y aunque mi fe seguía viva, se sentía herida.

En ese nuevo lugar, todo era distinto.

Gente diferente. Miradas duras. Ambiente frío.

Y ahí estaba yo:

una adolescente con un corazón lleno de fe,

con el alma llena de preguntas.

¿Dónde estás, Dios?

¿Por qué me siento tan sola?

¿De verdad tengo un propósito?

Y fue en medio de esa oscuridad... cuando comencé a escribir.

No sabía que esas palabras serían parte de mi sanación.

Escribía oraciones.

Versículos que me calmaban.

Sueños que no entendía.

Y promesas a las que me aferraba.

Mi cuaderno se convirtió en mi escondite secreto.

Ahí podía ser yo.

Ahí nadie me juzgaba.

Ahí sentía que, aunque el mundo no me escuchaba...

Dios sí lo hacía.

Mi adolescencia fue una mezcla de luchas, de luces y de sombras.

Aprendí a fingir sonrisas.

A cargar dolores en silencio.

A ser fuerte, incluso cuando por dentro me sentía hecha pedazos.

Pero algo dentro de mí —algo que nunca murió—

me susurraba que todo eso tenía un propósito.

Y esa voz... esa voz que escuché cuando era niña... seguía diciéndome:

"No te rindas.

Aún no has visto lo que voy a hacer contigo."

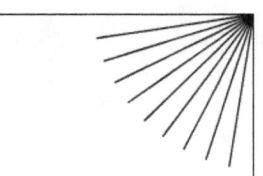

CAPÍTULO 3

Una decisión que partió
el camino pasaporte,
visa a Grecia,
consulado americano

Después de tantos cambios, la vida nos volvió a llevar a la capital. Regresamos a Santo Domingo.

Todo parecía moverse con rapidez, como si las decisiones no esperaran a que el corazón estuviera listo.

Un día, sin mucha explicación, mi mamá me miró a los ojos.

En su mirada había cariño, pero también determinación.

—Te vas a quedar con tus abuelos —me dijo, intentando sonar firme.

Mi corazón dio un salto.

No entendí de inmediato lo que eso significaba.

Aunque supe, sin que nadie me lo dijera, que mi vida volvería a cambiar.

Mis padres necesitaban regresar a La Hormiga, un pequeño sector cerca de Las Terrenas, en Sánchez, Samaná. Allí, su llamado los esperaba.

Mi papá era pastor de la Iglesia Asamblea de Dios, y su deber con Dios siempre iba primero. Yo sabía cuánto amaba su ministerio.

Lo había visto predicar con pasión, servir sin descanso, llorar por los demás en oración.

Y aunque entendía su entrega, **una parte de mí se rompió en silencio.**

Mis abuelos, Pedro Pablo y Emilia, me recibieron con amor.

Eran personas nobles, de esas que siempre tienen un cafecito listo y un consejo sabio en la punta de la lengua.

Pero por dentro...

me sentía sola.

No era mi casa.

No era mi cuarto.

No era mi familia directa.

Era como estar en pausa, como si la vida se hubiera detenido solo para mí, mientras todos los demás seguían moviéndose.

Las noches eran lo más difícil.

Me acostaba mirando al techo, con los ojos abiertos y el

alma llena de preguntas:

¿Por qué me dejaron aquí?

¿No podían llevarme con ellos?

¿Dios está viendo esto?

Me aferraba a los salmos que mi mamá me enseñó.

A las promesas que alguna vez escuché.

Pero el silencio dolía.

Cada vez que escuchaba el nombre de mi papá o mi mamá, una mezcla de orgullo y tristeza me apretaba el pecho.

Sabía que mi papá estaba haciendo lo correcto, sirviendo a Dios... pero yo solo quería su abrazo.

Y ahí, en esa casa tranquila, entre los pasos lentos de mis abuelos y los días que parecían repetirse, comenzó otra etapa.

Una etapa que me enseñó a **crecer por dentro**.

A escuchar a Dios en el silencio.

A buscar fuerza donde no había nada.

No sabía que todo eso me estaba preparando.

No sabía que, muy pronto, mi vida iba a dar un giro que lo cambiaría todo.

Un giro que me llevaría lejos.

Muy lejos.

La casa de mis abuelos era sencilla, pero tenía algo especial:

un olor a café recién colado,

a ropa limpia secándose al sol,

y a oraciones que parecían no acabarse nunca.

Ahí vivía también mi hermano Julián.

Tenerlo cerca fue como un rayo de sol en medio de tanta confusión.

Éramos muy distintos, pero había un lazo entre nosotros que no se podía romper.

Él era más callado, más reservado.

Su presencia me daba calma.

A veces me sentaba junto a él sin decir una palabra.

Solo estar ahí, cerca, me ayudaba a no pensar tanto en lo que había dejado atrás.

Las cosas eran más llevaderas cuando Julián estaba.

Los días pasaban lentos.

Entre la escuela, las tareas del hogar y las oraciones con mis abuelos, el tiempo parecía estirarse.

Yo intentaba ser fuerte, intentaba sonreír...

Sin embargo, por dentro, sentía que algo me faltaba.

Extrañaba a mis padres.

Extrañaba mi iglesia.

Extrañaba sentirme parte de algo.

Y aunque mis abuelos eran amorosos, había una sensación constante de estar "de paso", como si mi alma supiera que ese no era mi destino final.

Algo dentro de mí me decía que todo esto era solo una preparación.

Julián a veces me veía triste y me decía:

—Todo va a estar bien, Nuriss. Tú eres fuerte. Dios tiene algo grande contigo.

Yo quería creerle.

Y tal vez, en el fondo, lo hacía.

Pero también había momentos donde mi fe tambaleaba.

Las noches seguían siendo largas.

Y muchas veces lloraba en silencio, abrazando la almohada,

recordando los sueños que tenía de niña,

las veces que prediqué en la iglesia,

las palabras que sentía que Dios me había dicho.

Me preguntaba si todo eso había sido real...

o si solo era parte de mi imaginación infantil.

Pero entonces, algo me pasaba.

Una sensación, un pensamiento, un susurro en el alma...

que me decía:

"Todavía no ha comenzado lo verdadero."

Y esa frase se quedaba conmigo como una promesa.

Como una semilla que empezaba a crecer en secreto.

Porque aunque no lo sabía...

mi vida estaba a punto de cambiar para siempre.

El Anuncio que despertó un sueño

Una tarde cualquiera, el sol se filtraba por las rendijas de madera de la casa de mi abuela.

El aire olía a café recién colado y a tierra mojada.

Yo estaba sentada en la mecedora del porche, hojeando el periódico que mi abuelo compraba cada día, más por costumbre que por interés, y lo dejaba en la mesa.

Las páginas crujían con cada movimiento, mientras el mundo parecía avanzar a un ritmo más lento en aquel rincón de Santo Domingo.

Entonces lo vi.

Un anuncio en letras grandes, como si saltaran del papel para atraparme:

"¡BECAS A GRECIA!"

Mi corazón dio un salto.

Me incliné hacia adelante, volví a leerlo, asegurándome de que mis ojos no me engañaban.

"¿Becas... a Grecia?" — repetí en voz baja.

Una corriente eléctrica recorrió mi cuerpo.

Imaginé las ruinas del Partenón, los templos antiguos, las estatuas milenarias... ¡Atenas!

Yo, una niña adolescente, con grandes sueños, caminando por esas mismas calles, respirando esa historia.

— ¡Esto es para mí! — me dije—. Yo soy inteligente, puedo ganarme esa beca.

En mi mente me visualicé subiendo a un avión, viajando al otro lado del mundo, explorando tierras antiguas, como si todo lo que había vivido hasta entonces solo hubiera sido una antesala de algo mucho mayor.

Pero de pronto, mi emoción se frenó en seco cuando leí los requisitos:

"Becas disponibles únicamente para estudiantes de arqueología." Y yo no era estudiante de arqueología.

Mi pecho se encogió.

Sentí esa mezcla entre decepción y rabia, como cuando uno ve una puerta entreabierta, pero al acercarse descubre que está cerrada con llave.

Pero no me rendí.

Algo dentro de mí se aferró a ese sueño.

Decidí, sin saber cómo ni cuándo, que me iba a ir.

A Grecia o a donde Dios quisiera, pero me iba.

Era una certeza profunda, imposible de ignorar.

No tenía los medios, ni el respaldo, ni siquiera un plan...

mas, en mi espíritu, ya había dado el primer paso.

Y sin saberlo aún,

ese fue el instante en que se activó el plan de Dios.

El llamado de Dios

Días después de haber visto aquel anuncio de becas a Grecia, mi mente no podía dejar de soñar con otros destinos.

Aunque sabía que esas becas no eran para mí, algo se había activado en mi interior.

Era como si el cielo hubiese abierto una puerta invisible, despertando en mí un deseo incontrolable de partir, de buscar mi propósito más allá de las fronteras conocidas.

Una noche, mientras todos dormían y el silencio reinaba en la casa, me recosté mirando el techo de madera, con el corazón inquieto. Cerré los ojos y oré en silencio.

Le hablé a Dios, como una niña que le cuenta a su Padre lo que anhela, sin filtros ni vergüenza.

Y entonces sucedió. No podría explicarlo con palabras humanas, pero fue como si el tiempo se detuviera.

Una paz sobrenatural me envolvió.

Y allí, en la quietud de la noche, escuché Su voz:

—**No. No te vas a Grecia.**

—**Te quiero en Estados Unidos.**

Mi cuerpo se estremeció.

Me senté en la cama, sin aliento.

—¿Cómo voy a hacer eso, Señor? —susurré, con el corazón palpitando—.

¿Cómo voy a ir a Estados Unidos si se necesita visa, permiso y papeles?

La respuesta llegó sin demora. No fue un razonamiento.

Fue una certeza profunda.

—Yo te mostraré lo que debes hacer.

Mis ojos se llenaron de lágrimas.

Era Dios mismo hablando conmigo.

No era imaginación. No era emoción.

Era Su voz... tan real como el sonido de la lluvia golpeando el techo.

Esa noche no dormí.

Me quedé orando, llorando, preguntando... creyendo.

Una fe nueva, fuerte y viva, nació dentro de mí.

No entendía el camino, pero sabía que tenía dirección.

Y no estaba sola.

Desde ese instante, todo cambió.

Ya no era una niña con sueños difusos.

Ahora era una jovencita con un llamado del Señor.

Cuando Dios habla, los cielos se abren, las puertas se alinean,

y lo imposible se convierte en camino.

Sabía que vendrían pruebas. Sabía que no sería fácil.

Pero algo era seguro: mi viaje hacia Estados Unidos ya había comenzado... en el espíritu.

Mi inquietud no pasó desapercibida para el cielo.

Aquel susurro en mi interior no era un simple eco en mi alma,

era el comienzo de una conversación sagrada.

Y cuando volví a preguntar, con temor y fe entrelazados:

—¿Cómo lo haré, Señor? ¿Cómo cumpliré ese llamado imposible?

La respuesta descendió como un bálsamo:

—Yo te mostraré lo que debes hacer. Solo espera mis instrucciones.

Fue entonces cuando entendí que no se trataba de mis fuerzas, ni de mi inteligencia, ni de mis recursos.

Lo que estaba por suceder no dependía de mí, sino de Dios.

Y en ese instante, me entregué por completo a una travesía de fe, de obediencia y de absoluta dependencia del Señor.

Esa misma noche, mientras el mundo dormía y el silencio lo cubría todo, caí en un sueño profundo, uno como nunca había tenido anteriormente.

No era un sueño común.

Era una visita del cielo. Una revelación.

En el sueño, me vi caminando hacia una ciudad desconocida.

Las calles eran nuevas para mí. Sin embargo, había algo familiar en el ambiente: **paz, mucha paz.**

De pronto, vi una gran puerta blanca y, frente a ella, una voz me dijo:

—Primero ve al consulado de Grecia. No preguntes por qué. Solo obedece. Yo abriré puertas allí.

Me desperté sobresaltada. Mi corazón latía con fuerza, pero no de miedo.

Era una emoción celestial. Una instrucción clara y directa había sido dada.

Y aunque no entendía por qué Grecia si el destino final era Estados Unidos, sabía que debía obedecer.

Dios no siempre revela el camino completo.

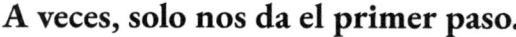

A veces, solo nos da el primer paso.

Y ese primer paso... yo ya lo tenía.

Me levanté esa mañana con una determinación distinta.

La niña llena de dudas había quedado atrás.

Ahora era una jovencita elegida, guiada por la voz del Altísimo.

Y aunque no tenía documentos, ni dinero, ni conexiones humanas...

tenía una palabra.

Una palabra de Dios que era más que suficiente para mover montañas.

Una revelación que cambiaría mi destino

A la mañana siguiente, los primeros rayos del sol apenas asomaban cuando me levanté con el corazón acelerado. La experiencia de la noche anterior ardía viva en mi interior, como una llama que no se apagaba. Aún podía oír con claridad esa voz suave pero firme que me habló en sueños... **la voz de Dios.**

MI VIDA IMPACTANTE: DEL DOLOR AL PROPÓSITO

Me había dicho algo que desafiaba la lógica, pero que resonaba como verdad absoluta en lo más profundo de mi alma:

—Yo te voy a llevar a los Estados Unidos. Yo mismo te mostraré el camino.

¿Cómo guardar algo tan sagrado solo para mí? Sabía que debía compartirlo con mi familia, aunque mi corazón temblara ante la posibilidad de que no me creyeran.

Era un mensaje del Señor que merecía ser revelado con reverencia.

Ese sueño no era un simple reflejo de deseos humanos, era una revelación divina. Y como tal, debía compartirlo.

El corazón me latía fuerte mientras me acercaba a la cocina y dentro de mí todo era un

torbellino. Había escuchado claramente la voz de Dios, esa misma que me había acompañado en tantas etapas de mi vida, y que ahora me daba una instrucción que parecía imposible:

irme a los Estados Unidos. Por esa razón sentí la necesidad de contárselo a mi familia.

No podía guardar algo tan grande, tan sagrado, solo para mí.

Tenía que comunicarles lo que el Señor me había revelado, aunque sabía que no sería fácil.

Mi madre estaba en la cocina, el olor del café llenaba el aire mientras el canto de los pájaros marcaba el inicio de un día aparentemente común. **Pero para mí, nada volvería a ser igual.**

Me acerqué con una mezcla de temblor y valentía.

—Mami, papi... necesito decirles algo —balbuceé, tratando de mantener la voz firme, aunque mis emociones amenazaban con desbordarse.

Mis hermanos comenzaron a reunirse a alrededor, uno a uno, como si el Espíritu Santo los estuviera llamando también. Nos sentamos en la sala. Yo respiré hondo, cerré los ojos por un instante y hablé.

—Anoche tuve un sueño, pero no fue cualquier sueño. Escuché la voz del Señor. Él me habló con claridad. Me dijo que Él me llevaría a los Estados Unidos. Y que me mostrará lo que debo hacer allá.

Se hizo un silencio profundo.

Mi madre me miró fijamente. Había ternura en su rostro. También un brillo especial en sus ojos, como si reconociera que lo que yo decía venía de lo Alto.

Había escuchado muchas veces que Dios habla en sueños, pero escuchar esto de su propia hija la

dejó en silencio.

—¿Y qué te dijo, mi hija?

—¿Estás segura de lo que dices? —preguntó con voz suave.

En ese momento, no tenía todas las respuestas, pero tenía la certeza.

Lo que sentí en ese sueño no fue fruto de la imaginación ni de un deseo pasajero.

Fue una convicción profunda, una paz sobrenatural que no dejaba lugar a dudas.

Tragué saliva. Mis manos temblaban un poco.

—Sí, mami —respondí, con lágrimas queriendo asomarse—. Dios me lo confirmó. Yo sé que parece una locura, pero no estoy sola. Él está conmigo.

No fue imaginación.

No fue un deseo.

Fue una convicción.

Una paz sobrenatural se apoderó de mí.

Mi padre, que hasta entonces había permanecido callado, bajó la mirada. Sus manos fuertes se entrelazaron. Luego alzó la vista y dijo:

—Si fue Dios quien te habló... yo no me atrevería a detener lo que Él ha comenzado. Solo camina con fe.

Fue en ese momento cuando sentí que el Señor no me había hablado solamente a mí. Él también estaba tocando sus corazones.

Mi hermana Carmen Juana se levantó, me abrazó fuerte y dijo al oído:

—Si Dios te está enviando, no lo pienses dos veces. Él abrirá puertas. Y yo también estaré contigo.

Entonces, como una ola de amor divino, cada uno de mis hermanos fue reaccionando.

Rosa Chovy, siempre tan curiosa, quería saber los detalles.

Lourdes no dijo mucho, pero con solo mirarme supe que su corazón también había creído.

Julián estaba asombrado y no me quitaba los ojos de encima.

Y María Belkis, con sus ojos grandes y asombrados, parecía ver en mí el reflejo de un misterio santo.

Ese día, la casa entera se impregnó de algo diferente.

No era miedo.

No era duda.

Era una sensación de propósito, de llamado.

Más tarde, mi papá me tomó de la mano y me dijo algo que marcaría mi espíritu para siempre:

—Si Dios lo dijo... Dios lo hará.

Aquel día, la promesa celestial dejó de ser un susurro privado.

Se convirtió en una declaración compartida.

Un paso de fe que ya no daría sola.

Mi familia caminaba conmigo.

Y el cielo...sí, el cielo... ya había comenzado a abrirse.

El pasaporte del propósito

Los días pasaban entre la rutina de casa de mis abuelos y mis propios pensamientos, que cada vez se volvían más profundos.

Había recibido un mensaje claro de Dios...

pero no entendía cómo se iba a cumplir.

Lo único que tenía era esas dos palabras en mi corazón:

"Estados Unidos."

Y entonces, cuando ya creía que nada se movería pronto, llegó mi papá.

Volvió a la capital, Santo Domingo, desde su iglesia en Samaná.

Apareció con su andar tranquilo, su rostro sereno, y esa mirada que siempre traía paz y firmeza.

No traía regalos.

No traía promesas.

Solo traía una decisión:

—**Vamos a sacarte el pasaporte.**

Mi corazón dio un salto.

No lo esperaba.

Pero sabía que ese era el siguiente paso.

El paso que abriría la puerta al propósito que Dios me había mostrado.

Nos levantamos temprano.

El sol apenas empezaba a pintar de naranja los techos de la ciudad.

Mientras caminábamos juntos hacia la oficina de pasaportes, sentí algo especial.

No era solo un trámite...

Era una señal.

Mi papá estaba creyendo en mí.

Estaba respondiendo, tal vez sin saberlo, al plan que Dios ya había comenzado.

Él no preguntó mucho.

Solo caminaba a mi lado, como si supiera que debía hacerlo.

Recuerdo la fila interminable, los formularios, la espera eterna.

Yo apenas podía estar quieta.

Tenía miedo.

Tenía emoción.

Tenía todo junto dentro del pecho.

Cuando llegó nuestro turno, entregamos los documentos.

—**¿Es menor de edad?** —preguntó la empleada.

—**Sí, pero ella va a viajar.** —dijo papá con voz firme, como quien declara algo que ya es realidad.

Firmó los papeles.

Me miró con una mezcla de orgullo... y despedida.

Y en ese instante, lo entendí todo:

Mi padre me estaba entregando.

No solo a un país...

Sino a un propósito.

Cuando finalmente me entregaron el pasaporte, lo sostuve entre mis manos como si fuera un tesoro.

Era pequeño.

Era rojo.

Pero en su interior cargaba un destino que ni yo misma podía imaginar.

Salimos de allí en silencio.

Yo quería abrazarlo.

Decirle cuánto significaba eso para mí.

Pero me quedé callada, solo mirándolo mientras caminábamos.

Y creo que él lo supo.

Me puso la mano sobre el hombro, como solía hacer, y me dijo:

—**Confía. Lo que Dios comienza, Él lo termina.**

No sabía cuándo sería el viaje.

No sabía cómo, ni con qué recursos.

Pero ya tenía el pasaporte.

Y eso, para mí, era la confirmación de que el cielo ya había comenzado a mover sus piezas.

Lo siguiente sería obedecer...

Y esperar la instrucción divina que sabía que llegaría muy pronto.

La Visa a Grecia

A veces Dios te da instrucciones que no parecen tener sentido...

Sin embargo, cada paso, por más extraño que parezca, está perfectamente calculado por Él.

El anuncio de las becas a Grecia seguía rondando en mi mente.

Fue en un sueño donde el Señor me habló de nuevo.

Yo estaba arrodillada, como cada noche, orando en silencio.

Y mientras dormía, lo sentí.

Esa voz que ya conocía.

Serena, firme, sin titubeos.

Era la voz del Señor.

—Ve al consulado de Grecia. Saca la visa.

Me desperté confundida.

¿Grecia, Señor?

¿No era que me querías en Estados Unidos?

Pero no recibí más respuestas.

Solo ese mandato claro, grabado en mi mente al despertar:

—Ve al consulado de Grecia.

Y obedecí.

A los pocos días, me presenté sola en el consulado griego.

No sabía por qué Dios me estaba pidiendo eso.

Pero confiaba en que Él sabía más que yo.

Yo... una niña adolescente sin recursos, sin contactos, sin acompañantes.

Pero con determinación.

El lugar era pequeño.

Había poca gente, sin ninguna presión.

Y para mi sorpresa, el trámite fue rápido.

Las preguntas, básicas.

Y antes de darme cuenta, me entregaron la visa con una sonrisa:

—**Felicidades. Tu visa está aprobada.**

Me quedé en shock.

¿En serio?

Tenía en mis manos una visa para Grecia.

Un país lejano. Desconocido.

Pero real.

Salí del consulado con la mente confundida y el corazón dividido, latiendo fuerte.

No de emoción…

sino de desconcierto.

¿Será esto lo que Dios quiere?

¿Será que Grecia es mi destino después de todo?

Tenía la visa.

La sostenía en mis manos.

Pero algo no se sentía correcto.

No era paz lo que sentía.

Era una pregunta ardiente:

¿Por qué me mandaste aquí, Señor?

Esa noche, mientras dormía con la visa griega guardada en mi mesita,

la voz volvió.

Pero esta vez... fue más directa.

—**No. No te vas a Grecia.**

Me quedé inmóvil, aún dormida, pero escuchando.

—**Te quiero en Estados Unidos. Pero tenías que obtener primero esa visa. Confía.**

Mi alma tembló.

El sueño me parecía más real que el día.

—**Ahora ve al consulado americano.**

—Pero, Señor, ¿y la visa de Grecia? ¿Para qué fue todo esto?

—**Obedece. Yo te mostraré.**

Me desperté agitada, con el corazón latiendo como un tambor.

Aún sentía Su presencia en la habitación.

Y supe...

supe con certeza absoluta...

que Grecia no era mi destino.

Era una prueba de obediencia.

Una preparación.

Un paso necesario, aunque no definitivo.

Dios me había llevado a ese consulado no para viajar,

sino para enseñarme que **Su voz está por encima de la lógica.**

Y que si podía obedecer en lo que no entendía,

también podría confiar en lo que aún no podía ver.

Que lo "correcto" no siempre es lo más accesible.

Y que obedecer, a veces, implica **dejar ir lo que ya está en tus manos... por algo que todavía no puedes ver.**

Rompí en llanto.

No de tristeza,

sino de reverencia.

Sabía que si me había sido concedida una visa tan fácilmente...

solo era para probar algo:

Mi fidelidad.

¿Iba a seguir mis propios deseos?

¿O iba a seguir la instrucción de Dios?

Mi respuesta fue una sola:

—Obedeceré.

Y así, con la visa a Grecia aún caliente en mis manos...

me preparé para presentarme en el consulado americano.

Sin garantía.

Sin razón lógica.

Pero con la certeza de que **el cielo ya había decidido por mí.**

Así fue como, con una visa aprobada a Grecia...

y un llamado ardiente a Estados Unidos...

me preparé para ir al consulado americano.

Esta vez, **con un corazón más rendido que nunca.**

Sabiendo que cada paso era dirigido desde el cielo...

aunque yo no supiera el porqué.

El Consulado Americano y la Voz del Cielo

Después de obtener el pasaporte y una visa a Grecia, algo en mí cambió.

Ya no era solo una visión.

Ya no era solo un sueño.

Ahora había una puerta entreabierta...

y solo necesitaba el valor para empujarla.

Aunque aún no sabía cómo iba a ocurrir,

yo sabía que me iba.

Las palabras del Señor seguían resonando dentro de mí, como un eco suave pero insistente:

"Solo espera mis instrucciones."

Pasaron algunos días, y una noche, como tantas otras, me arrodillé junto a la cama.

Cerré los ojos, pero mi corazón estaba inquieto.

Quería entender. Quería saber el siguiente paso.

Me acosté a dormir y en medio de la noche,

la voz volvió.

Clara. Serena. Imposible de ignorar:

—**Ahora ve al consulado americano.**

Abrí los ojos de golpe.

Me quedé quieta.

No necesitaba más explicaciones.

Sabía lo que debía hacer.

A la mañana siguiente, me levanté antes del amanecer.

El cielo apenas comenzaba a aclararse.

Era muy temprano, pero yo ya estaba vestida, lista, y decidida.

No tenía a nadie que me acompañara.

No tenía dinero extra ni la seguridad de que me dirían que sí.

Pero tenía **una promesa de Dios**... y eso me bastaba.

Salí sola.

El aire de la madrugada me golpeaba el rostro, pero no sentía frío.

Sentía propósito.

Cuando llegué al consulado, la fila ya era larga.

Adultos bien vestidos, con carpetas llenas de documentos.

Todos se veían seguros, preparados, acompañados.

Yo solo tenía mi pasaporte... y una fe inquebrantable.

Allí estaba yo, en silencio.

Miraba a todos, pero por dentro hablaba con Dios:

—Estoy aquí, Señor. No me sueltes. No me dejes sola.

Las horas pasaban lentas.

El sol ya estaba alto cuando finalmente crucé las puertas del consulado.

Adentro, el ambiente era tenso.

El aire acondicionado helado.

Las luces blancas demasiado brillantes.

Los murmullos, apenas audibles.

Nadie sonreía.

Delante de mí, una fila de personas esperaba su turno.

Cada uno con su carpeta perfectamente organizada, sus papeles ordenados, sus respuestas ensayadas.

Yo solo tenía mi pasaporte... una fe... y unas piernas que temblaban.

Miré hacia las ventanillas.

Y allí estaba ella.

La cónsul.

La misma que había visto rechazar, uno tras otro:

—Lo siento. No cualifica.

—Lo siento. No cualifica.

—Lo siento. No cualifica.

Uno tras otro, sueños rotos delante de mí.

Algunos lloraban.

Otros discutían.

Era como si los anhelos se rompieran justo allí, frente a mis ojos.

Todo dentro de mí gritaba que yo no tenía oportunidad.

Yo era solo una niña adolescente.

Sola.

Sin respaldo.

Sin ningún documento fuerte que me calificara.

Y sin embargo…

ahí estaba.

Con cada paso que la fila avanzaba, mi corazón latía más fuerte:

Tum… Tum… Tum…

Sentía que mis rodillas flaqueaban.

Quise correr.

Quise esconderme.

Pero entonces, recordé:

—**No tengas miedo, Yo estoy contigo.**

Las palabras del Señor regresaron como un susurro cálido, cubriendo mi pecho.

Algo dentro de mí tembló.

Pero no era miedo.

Era Su presencia.

—**Confía** —me susurró el alma.

Cerré los ojos.

Y comencé a orar.

En voz baja, como levantando un muro invisible a mi alrededor, recité mis versículos preferidos de los salmos:

"El que habita al abrigo del Altísimo

Morará bajo la sombra del Omnipotente.

Diré yo a Jehová: Esperanza mía, y castillo mío;

Mi Dios, en quien confiaré."

(Salmos 91:1-2)

"El Señor es mi pastor. Nada me faltará.

Aunque deba yo pasar por el valle más sombrío,

no temo sufrir daño alguno, porque Tú estás conmigo..."

(Salmos 23: 1, 4)

"Elevo mis ojos a los montes;

¿de dónde vendrá mi socorro?

² Mi socorro viene del Señor,

creador del cielo y de la tierra."

(Salmos 121:1-2)

Una y otra vez.

Cada palabra era una roca firme bajo mis pies.

Cada versículo, un escudo invisible que me envolvía.

Cuando abrí los ojos, solo quedaban dos personas delante de mí.

Y la cónsul seguía rechazando:

—**Lo siento. No cualifica.**

Tragué saliva.

Mi estómago se revolvía.

Mis manos apretaban el pasaporte con fuerza.

Y entonces...

Mi nombre.

Todo se detuvo.

El ruido desapareció.

Mis pies caminaron solos hasta la ventanilla.

La cónsul me miró.

Su mirada penetrante, como si quisiera leerme el alma.

Y luego preguntó:

—¿A qué parte de Estados Unidos vas?

Por un segundo, no me salieron las palabras.

Pero recordé:

"Obedece."

Respiré hondo.

—A Miami —respondí, con toda la firmeza que pude reunir.

Un segundo.

Dos.

Silencio.

Un destello de duda cruzó su rostro...

Y entonces, ocurrió.

Sonrió.

Su voz, antes dura como sentencia, ahora era cálida:

—**Buen viaje. Bienvenida a Estados Unidos.**

Me extendió el pasaporte con la visa.

Mis manos temblaban.

Mis ojos se llenaron de lágrimas.

No sabía si gritar, reír o caer de rodillas.

Pero lo único que salió de mis labios fue:

—**¡Gloria a Dios!** —dije en voz alta, sin vergüenza.

Dios lo había hecho.

Una niña adolescente. Sola. Sin dinero. Sin propiedades. Sin compañía.

Pero con una palabra en el corazón... y el respaldo del cielo.

En ese momento supe, con más claridad que nunca:

Dios abre puertas que nadie puede cerrar.

Y aquel consulado, que parecía una muralla imposible...

se convirtió en la primera prueba superada en mi camino hacia lo extraordinario.

Aún no sabía todo lo que vendría.

Pero, ese día, comenzó mi viaje hacia lo impredecible.

La noticia

Mis palabras de agradecimiento retumbaron en la oficina del consulado como un grito de victoria:

—**¡Gloria a Dios!** —exclamé con lágrimas en los ojos.

No me importaba quién me miraba.

No me importaba si entendían.

Él lo había hecho.

Una adolescente, —sin bienes. sin papeles de respaldo, sin acompañante— **había obtenido una visa americana solo por mandato de Dios.**

Salí de allí **regocijada de alegría** por lo que acababa de vivir.

Sentía que flotaba, que el suelo ya no me sostenía.

Pero también sabía algo:

esto era apenas el principio.

Al llegar a casa, la noticia se recibió como un verdadero milagro.

Mis abuelos no podían creerlo.

Mi hermana Carmen Juana y mi hermano Julián me miraban con orgullo silencioso.

Toda mi familia estaba sin palabras y todos asombrados.

¿Y, mi madre?... mi madre, aunque sonreía, ya pensaba en lo que vendría después:

—Ahora hay que conseguir el pasaje.

Pero no teníamos cómo.

No había ahorros.

No había cuentas bancarias.

No había familiares que nos pudieran ayudar.

Yo guardaba mi pasaporte como un tesoro.

cuidadosamente en un sobre,

se convirtió en la evidencia física de una fe ciega y total.

La casa se llenó de una mezcla extraña:

alegría, incredulidad y silencio.

Todos sabían que era un milagro.

Todos celebraban.

Pero yo...yo sabía algo más: **Era solo el comienzo.**

Porque, aunque Dios me había abierto esa puerta,

también me había susurrado al oído del alma:

—Prepárate. Aún te esperan pruebas más duras.

Y yo no podía imaginar lo que me esperaba.

Solo tenía certeza de algo: Él no me soltaría.

La luz antes del vuelo

El sol se escondía despacio aquella tarde, como si supiera que algo sagrado estaba ocurriendo.

El cielo, teñido de naranja y dorado, parecía un suspiro celestial, **como si Dios mismo pintara una señal sobre Santo Domingo.**

Yo estaba en casa, sentada, con el corazón latiendo más fuerte de lo normal.

En mis manos temblorosas sostenía la visa estadounidense.

No era un simple papel.

Era una promesa.

Una llave.

Una respuesta directa del cielo a mis oraciones.

No tenía propiedades.

Ni riquezas.

Ni nadie que me respaldara en la ventanilla del consulado.

Pero el cielo me había dicho que sí.

Ese milagro no lo explicaba la lógica.

Era Dios, y solo Dios, quien había abierto aquella puerta imposible.

Estaba emocionada. Mientras la gente dormía o hacía sus tareas cotidianas,

yo vivía un momento que cambiaría mi vida para siempre.

Agradecida.

Pero también... llena de miedo.

Porque, aunque la visa estaba en mis manos, la pregunta era otra:

¿Y ahora qué?

No tenía parientes en Estados Unidos.

No tenía un lugar donde llegar.

Ni siquiera tenía el pasaje.

Y el reloj no se detenía.

El temor se colaba por las rendijas de mi mente:

¿Y si no prospero allá?

¿Y si me devuelven?

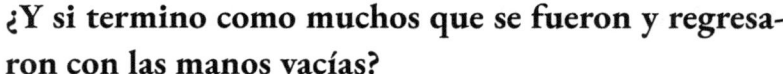

¿Y si termino como muchos que se fueron y regresaron con las manos vacías?

Había escuchado historias de personas que cruzaron el océano buscando oportunidades

y regresaron endeudadas y decepcionadas.

El futuro era incierto.

Pero justo en medio de esas preguntas, se encendía una luz: **la esperanza.**

No una esperanza cualquiera.

Era una esperanza sembrada por Dios, que me decía:

"Yo te estoy enviando. Yo te voy a sustentar."

Y entonces, esa mezcla de miedo y fe comenzó a transformarse en algo nuevo: **convicción.**

Mi madre, viendo todo lo que ocurría, sabía que teníamos que actuar rápido.

No había dinero.

No había ahorros escondidos.

Pero ella...

esa mujer de fe, guerrera silenciosa y de amor incansable, decidió hacer algo que solo una madre puede hacer:

Vendió la estufa.

Nuestra única estufa.

La que calentaba las habichuelas.

La que cocinaba el arroz de cada día.

El corazón de nuestra cocina.

Testigo de tantas noches familiares.

Se convirtió en el boleto hacia mi destino.

Pero para ella,

mi llamado era más importante que cualquier olla o fuego.

Y esa estufa se convirtió en mi pasaje.

Literalmente.

Con ese dinero, compró mi boleto de ida a Estados Unidos.

La venta alcanzó justo para el pasaje de ida.

El de regreso ni siquiera era una opción.

No había regreso.

Solo fe.

Cuando tuvimos el pasaje en mano, nuestra casa se llenó de una alegría especial.

La noticia corrió por la familia, por los vecinos y por la iglesia.

Todos celebraban.

Todos sabían que no era algo común.

—**¡A esa niña le dieron la visa americana!** —decían con asombro.

Pero yo sabía la verdad:

Era un milagro.

Los abrazos, las lágrimas, las felicitaciones llenaban el aire.

Pero por dentro, yo estaba en silencio.

No por tristeza, sino por reverencia.

Porque sabía que estaba a punto de dejarlo todo.

Esa noche, mientras el bullicio se calmaba y todos volvían a sus rutinas,

me senté sola.

Miré mi pasaporte.

Toqué el sobre del pasaje.

Y miré hacia el cielo.

Sabía que no era solo un viaje.

Era una misión.

Y aunque no tenía idea de lo que me esperaba,

una certeza me cubría como un manto:

"Dios me eligió. Y Él me acompañará."

Lo que nadie sabía es que, justo antes de viajar,

mi vida estuvo en peligro.

Un episodio inesperado, oscuro y amenazante...

estuvo a punto de romper todos los planes.

Pero no lo hizo.

Porque cuando Dios ha dicho "tú vas",

no hay infierno que pueda decir "no".

Y ese capítulo...

también lo contaré.

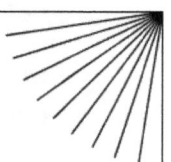

CAPÍTULO 4

Obstáculos, la despedida de Santo Domingo y el vuelo a Miami

Aquel domingo comenzó como cualquier otro.

El cielo estaba despejado, la brisa era suave,

y el canto de los pájaros parecía anunciar paz.

Pero yo sentía una tormenta por dentro.

Mi corazón estaba inquieto.

El viaje a Estados Unidos se acercaba, y aunque ya tenía la visa en mano, había un nudo invisible en mi pecho:

miedo, ansiedad, dudas.

No entendía por qué, pero algo me decía que ese día no sería normal.

Buscando consuelo, decidí pasar el día en casa de mi hermana Zunilda.

La iglesia estaba cerca de su casa.

Quería ir a la iglesia, cantar, orar, calmar mi espíritu.

Apenas llegué, su voz me detuvo como una muralla:

—No, no puedes salir hoy. Tengo que irme, y José mandará a alguien a buscar unas herramientas. Quédate en casa.

Algo en su mirada era urgente.

Yo no quise discutir.

Me resigné, sin saber que estaba a punto de vivir uno de los momentos más aterradores de mi vida.

A eso de las 10:30 a.m., alguien tocó la puerta.

Era un hombre. Treintañero. Desconocido.

Su rostro no me decía nada.

—Vengo por las herramientas. José me mandó, y quiere que lo acompañes.

Mi cuerpo se tensó.

Todo en mí gritaba:

¡No vayas!

Le dije que no.

Le repetí que no iba a ir a ningún lado con él.

Pero él insistió.

Y me empujó.

Me llevó hasta la calle.

Me obligó a caminar con él.

En mi mente, aún quería creer que algo le había pasado a mi hermana,

y que este hombre me llevaba para ayudarla.

Pero todo se sentía equivocado.

Nos subimos a un taxi público; un carro de concho, como le dicen en Santo Domingo.

Yo iba callada.

Mi respiración se aceleraba.

El corazón me retumbaba en el pecho como un tambor enloquecido.

¿Dónde me lleva? ¿Por qué me empujó? ¿Qué está pasando?

Entramos en la autopista Sánchez.

Kilómetro tras kilómetro.

El silencio de aquel hombre era más aterrador que cualquier palabra.

Finalmente, nos detuvimos en un lugar solitario.

No había casas, ni negocios, ni tiendas, ni gente.

Solo maleza, polvo, y una casa vieja escondida entre la vegetación.

Mi piel se erizó.

Todo en mí gritaba:

¡Corre! ¡Esto no es normal!

—Vamos —me ordenó—. Entra.

—¡No! ¡No quiero! ¡No voy a entrar! —grité.

Me resistí.

Lloré.

Su mirada era vacía.

Fría.

Y entonces, lo supe:

Estaba en peligro. Real peligro.

El miedo me paralizó por un instante...

pero algo más fuerte me empujó a actuar.

Corrí.

Corrí como si la vida se me fuera en cada zancada.

Corrí como si el viento me llevara.

Y él, detrás de mí.

Una cerca enorme de hierro y aluminio se alzaba frente a mí.

No tenía salida.

Era imposible cruzarla.

Pero entonces... ocurrió el milagro.

Sentí como una fuerza invisible me levantó.

Como si unas manos gigantes me hubieran alzado del suelo

y me hubieran lanzado por los aires.

No recuerdo cómo lo hice.

Solo sé que, en un abrir y cerrar de ojos,

ya estaba del otro lado.

Ilesa.

Libre.

Pero con las piernas y los pies llenos de raspones y sangre.

La gente que se acercó no podía creerlo.

Todos decían lo mismo:

—**¡Esa niña voló! ¡Dios la salvó!**

Yo no podía hablar.

Solo lloraba.

Lloraba porque había visto la muerte…

y la mano de Dios me había salvado de ella.

La gente me rodeó y luego me llevaron a casa de mi hermana.

Regresé a casa de Zunilda como si volviera de una batalla.

Ella, al verme, rompió en llanto.

No podía dejar de abrazarme.

Me miraba con terror… pero también con gratitud:

—**Dios te salvó, mi hermana. Te salvó...** —repetía una y otra vez.

Esa noche no dormí.

Me acosté con el alma sacudida,

pero con la fe más fuerte que nunca.

Ya no tenía dudas.

Ya no preguntaba por qué.

Sabía que el enemigo quería detener mi viaje.

Quería romper los planes de Dios.

Pero no pudo.

Porque cuando el cielo decide que irás...

nadie puede impedirlo.

Mis heridas eran leves.

Pero el mensaje era profundo.

Dios me había rescatado.

Con Sus propias manos.

Y lo que vendría después, ya no me daba miedo.

La despedida que me partió el alma… salida de Santo Domingo

El día de mi partida llegó…

y el cielo lo sabía.

El sol no brillaba como en otras tardes.

Se ocultaba lentamente entre nubes densas que lloraban lágrimas suaves,

como si el mismo cielo se resistiera a dejarme ir.

El aire se volvió pesado.

Y mi alma estaba dividida entre la emoción de lo que vendría y el dolor de todo lo que dejaría atrás.

Yo seguía en Santo Domingo.

Mis padres, en el pueblo de Sánchez, Samaná.

Y aunque mi corazón rogaba por un último abrazo,

solo pude escucharlos por teléfono.

—Te amo, hija. Que Dios te guarde. Tú vas con un propósito.

La voz de mi madre era un susurro lleno de fe.

No fueron muchas palabras, **pero pesaban como oro en mi alma.**

Colgué y me quedé sentada en silencio.

En mi mente, crucé la puerta de mi casa por última vez.

No me despedí de forma física, pero, por lo menos, lo hice simbólicamente.

Sabía que cuando pusiera un pie fuera de esa casa, **ya no sería la misma.**

Fue entonces cuando mi hermana Carmen Juana se me acercó.

No dijo nada al principio. Solo me miró.

Y luego me abrazó con fuerza.

Un abrazo largo.

Apretado.

Con la fuerza de quien no quiere soltar, pero sabe que debe hacerlo.

—**Nunca olvides quién eres, Nuriss. Allá no va solamente una niña, sino también una enviada.**

Sus palabras se me quedaron grabadas en la piel.

Sus ojos estaban llenos de amor y de una fe serena,

esa fe profunda que solo tienen los que conocen el poder de Dios.

—Sé fuerte. Y cuando te sientas sola, acuérdate de quién te envió. Dios va contigo.

No pude responderle.

Solo lloré.

Pero dentro de mí...

me hice una promesa:

No la voy a defraudar.

Esa noche fue larga.

No dormí.

Tenía un nudo en el estómago que no me dejaba respirar.

Recordaba cada rincón de mi hogar.

Cada voz.

Cada oración.

Y al mismo tiempo, una emoción distinta crecía en mí.

Dios me estaba enviando.

Y yo iba a obedecer.

A la mañana siguiente, salí hacia el aeropuerto Las Américas.

Mi hermano Julián, apenas un jovencito, fue mi acompañante.

Subimos a un taxi que rugía entre las calles agitadas de la ciudad.

Mientras avanzábamos, cada edificio, cada semáforo, cada vendedor callejero me hablaba sin decir palabra.

El viento cálido de mi tierra acariciaba mi rostro.

Y yo lo dejaba hacerlo, como si fuera la última caricia de la isla.

Cuando llegamos al aeropuerto, todo parecía demasiado grande.

Demasiado nuevo.

Demasiado real.

El bullicio.

Las voces.

Las maletas.

Los anuncios.

Todo era ajeno.

Todo era intimidante.

Pero mi fe... seguía firme.

La despedida con Julián fue lo más duro.

Él intentaba mantenerse firme, mas sus ojos lo traicionaban.

A mí también.

No quería que me viera débil, aunque las lágrimas ya no me pedían permiso.

Nos abrazamos.

Y en ese abrazo... me despedí de todo lo que conocía.

—Cuídate mucho, Nuriss. Yo voy a estar orando por ti.

Asentí. Moví mi cabeza.

Me sequé las lágrimas.

Y entré.

Pasé por inmigración como si caminara dentro de un sueño.

Todo me parecía borroso.

Todo se sentía pesado.

Y cuando llegué a la zona de embarque, desde el piso de abajo, lo vi.

Mi hermano, parado en el segundo nivel, buscándome con los ojos.

Lo saludé con las manos.

Y entonces, me quebré.

Lloré como si mi alma se partiera en dos.

Porque entendí, en ese momento, que no volvería a verlos por mucho tiempo.

Y que, ahora, **estaba completamente en las manos de Dios.**

El avión no había despegado aún.

Pero yo ya había dejado el suelo de mi pasado.

Y aunque mi cuerpo estaba lleno de miedo…

mi espíritu ya volaba por fe.

El vuelo hacia lo desconocido... Miami

El aeropuerto se desplegaba ante mí como un escenario monumental,

lleno de desconocidos que compartían historias y destinos entrelazados.

Los olores de la terminal —una mezcla de perfumes, comidas y la tensión de las despedidas— se mezclaban en el aire.

Cada rincón estaba saturado de anticipación y nostalgia, creando un ambiente denso, pero emocionante.

Mis ojos se nublaban de tristeza después de despedirme de Julián, mi hermano.

El dolor de la separación se apoderaba de mi corazón,

y las preguntas inundaban mi mente:

¿Qué será de mi vida en Miami? ¿Dónde dormiré? ¿Quién me recibirá?

Mi destino estaba lleno de incertidumbre,

y cada paso que daba antes de llegar al avión aumentaba mi ansiedad.

Pasé por inmigración y caminé hacia la zona de embarque de pasajeros.

Desde allí, alcancé a ver gente en el nivel superior del aeropuerto.

Intenté localizar a mi hermano.

Y cuando finalmente lo encontré a lo lejos,

lágrimas de tristeza brotaron de mis ojos.

Me despedí de él saludando con las manos.

Sabía que estaría lejos de mi amada familia.

Subí al avión y me senté junto a dos señoras que notaron mi semblante pensativo.

El vuelo se anunciaba como un viaje hacia lo desconocido,

una travesía que me llevaría a través de cielos que ni siquiera había soñado.

Las luces del avión parpadeaban como estrellas fugaces en la pista de despegue,

y mi corazón latía en sintonía con los motores que rugían con poder y determinación.

Mientras el avión se elevaba hacia el firmamento,

mi mirada se perdía en las luces que se desvanecían en la distancia.

La tierra que dejaba atrás se convertía en un lienzo de memorias y experiencias,

pero mi mente estaba llena de expectativas y anhelos por el futuro que se presentaba ante mí.

Los cielos nocturnos eran testigos de mi travesía,

y las estrellas se alineaban como guías celestiales.

Me sumergía en la contemplación, reflexionando sobre el camino que me había traído hasta aquí y el sendero que se extendía ante mí.

Cada estrella parecía parpadear con una promesa de esperanza,

recordándome que, aunque el camino pudiera ser desafiante,

estaba siendo guiada por algo más grande que yo misma.

El avión surcaba el cielo, abriéndose paso entre nubes espesas que parecían susurrar secretos del firmamento.

Desde mi ventanilla, veía cómo el mundo quedaba atrás

y con él, todo lo conocido.

Mis manos temblaban.

Era mi primera vez en un avión y el miedo se deslizaba por mi cuerpo como una corriente helada.

El zumbido de los motores me retumbaba en los oídos,

y cada sacudida me arrancaba un suspiro contenido.

Mi corazón no latía...

golpeaba.

Pun pun. Pun pun.

Como si quisiera escaparse de mi pecho.

Miraba a mi alrededor buscando consuelo en rostros ajenos,

pero nadie parecía notar que yo estaba al borde de un colapso interior.

Y justo cuando sentí que el miedo me vencería... algo me envolvió.

Una calma inesperada, profunda,

como un manto invisible que descendió sobre mí y detuvo el temblor de mi alma.

No era una simple tranquilidad.

Era una paz que no venía de este mundo.

Cerré los ojos, y por primera vez en mucho tiempo…

me dejé llevar.

Ya no importaba el destino.

Ni el miedo.

Ni lo incierto.

Solo sentía que estaba en el aire…

y en las manos correctas.

Era como si una fuerza que no podía ver, pero sí sentir,

me tomara de la mano y me susurrara al oído:

—**Tranquila. Estoy contigo.**

Y lo creí. Con todo mi ser.

En ese instante, supe que mi vida estaba siendo guiada.

No por casualidades, ni por decisiones humanas…

sino por un propósito más grande que yo.

Uno que sólo Dios conocía.

Uno que se estaba cumpliendo...

entre las nubes.

Entonces, en medio del cielo, entre la ansiedad que comenzaba a desvanecerse y la inmensidad que me rodeaba, mi corazón latía con una nueva melodía:

libertad y esperanza.

Las horas en el aire transcurrían lentamente, como si el tiempo se estirara entre el pasado que quedaba atrás y el futuro incierto que me esperaba.

Las luces tenues del avión y el murmullo suave de los motores me envolvían en una atmósfera suspendida:

entre el cielo y la tierra, entre la niña que fui y la mujer que aún no sabía que sería.

Las nubes se extendían como un manto blanco bajo el fuselaje.

Miraba por la ventanilla en silencio,

preguntándome si allá abajo alguien pensaba en mí en ese preciso momento.

Me sentía tan sola...

pero no abandonada.

Sabía que no viajaba sin compañía,

aunque mis emociones me sacudieran por dentro.

Recordé entonces una dirección que escuchaba en casa,

una que se repetía constantemente en la emisora cristiana "Radio Visión Cristiana", con sede en Miami:

"P.O. Box."

Aquello no era una casa, ni un lugar real donde alguien pudiera recibirme.

Era solo un buzón de correo.

Y sin tener otra dirección, esa fue la que escribí en el formulario de migración.

Un simple buzón.

Las dos mujeres a mi lado, al notar mi estado pensativo y mi corta edad, intentaron conversar conmigo.

Al ver que viajaba sola, una de ellas pidió ver la dirección que había anotado.

Se miraron entre sí con preocupación.

—Niña, esta es una dirección de correo. No es un lugar donde te puedan recibir —me dijo una de ellas con voz dulce.

Acepté con timidez, tratando de disimular el temor que comenzaba a recorrer mi cuerpo como una corriente fría.

No quería admitirlo en voz alta, pero lo sabía:

no había nadie esperándome en Miami.

No tenía contacto.

No tenía plan.

Solo tenía fe.

Y aunque en ese momento la incertidumbre era abrumadora,

una certeza interior seguía firme, repitiendo la misma frase que había guiado cada uno de mis pasos:

—Obedece. Yo te mostraré lo que debes hacer.

Mientras el avión surcaba los cielos, sentí que cada estrella allá afuera brillaba como una promesa.

Una tras otra, parecían decirme que no me rindiera.

Que todo esto tenía un propósito mayor.

Cerré los ojos, me recosté contra la ventanilla y respiré profundo.

Porque, **aunque no sabía a dónde iba... sí sabía con quién iba.**

Confiaba.

Estaba literalmente sostenida por una fuerza que no se veía...

Una fuerza que lo movía todo.

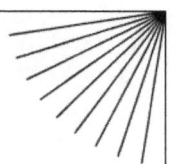

CAPÍTULO 5

**La llegada a Estados Unidos
Primeros pasos en tierra extraña
Miami y llegada a Nueva York,
estaciones, trenes, frialdad y
desconcierto**

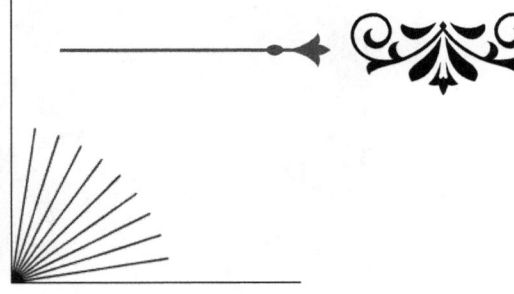

El atardecer comenzaba a asomarse tímidamente por el horizonte cuando el avión tocó tierra en Miami. El suave chirrido de las ruedas sobre la pista me sacó del trance en el que había estado durante todo el vuelo.

Abrí los ojos con lentitud, como si mi cuerpo supiera que, al hacerlo, estaba por comenzar una nueva realidad.

El cielo seguía cubierto de tonos azulados, pero algo dentro de mí había cambiado.

Ya no era solo una adolescente viajando sola. **Era una enviada, cumpliendo un llamado.**

Pero por más propósito que tuviera, **el miedo no desaparecía.**

El avión se detuvo y el murmullo de los pasajeros llenó la cabina.

Todos parecían saber a dónde iban, a quién verían, qué harían al llegar. Yo no.

Bajé del avión con mi mochila en una mano

y la incertidumbre en la otra.

El aire era distinto.

No solo por el clima,

sino por la energía.

Era otro mundo.

Todo lo que me rodeaba era ajeno:

los rostros, los idiomas, los sonidos.

Mis ojos buscaban sin encontrar.

No había un cartel con mi nombre.

No había un rostro familiar entre la multitud.

No había nadie esperándome.

Caminé hasta la zona de recogida, fingiendo seguridad.

Pero por dentro, **mi corazón latía con desesperación.**

Apreté los labios, tragué saliva, y recordé la dirección que había colocado en el formulario de migración:

un "P.O. Box" de Radio Visión Cristiana. **Un buzón.**

Un lugar donde solo llegan cartas. **No personas.**

Las dos señoras que me habían acompañado en el vuelo se me acercaron de inmediato.

Me miraron con esa mezcla de ternura y preocupación que solo las almas buenas saben expresar.

—**¿Y tu familia? ¿Dónde está?**

—**¿Quién te recoge?**

No supe qué responder.

Solo bajé la mirada y, con voz temblorosa, dije:

—**No hay nadie.**

Ellas se miraron entre sí.

No dijeron mucho.

No lo necesitaban.

Actuaron con la urgencia de quien ve a una oveja sola en campo abierto.

—**No te vamos a dejar aquí sola, mi niña. Esta noche te vas con nosotras. Mañana vemos qué hacer.**

En ese momento, algo dentro de mí se quebró, **pero no por miedo.**

Fue por el alivio.

Por la certeza de que, una vez más,

Dios me había enviado ayuda a tiempo.

Ellas no sabían quién era yo. Pero sí sabían a quién servían.

Salimos del aeropuerto y subimos a un carro que me parecía tan extranjero como todo lo demás.

Las calles de Miami desfilaban ante mí con luces, letreros, palmeras y velocidad.

Yo no decía nada. Solo observaba, tragando la emoción.

Esa noche, dormí en casa de dos mujeres que el cielo puso en mi camino.

No era mi hogar.

No eran mi familia.

Pero había algo en el ambiente que me hizo sentir segura.

Tal vez no tenía planes...

Pero sí tenía cobertura.

Y eso era más que suficiente.

La casa estaba en Hialeah, Miami, y pertenecía a las dos señoras cubanas con las que había compartido el vuelo.

Era modesta, silenciosa,

y aunque yo estaba nerviosa,

me sentí cómoda al descansar allí.

No hablé mucho.

Mi timidez me mantenía reservada,

como si mis palabras también hubiesen viajado en silencio.

Recuerdo un detalle pequeño,

pero que quedó grabado en mi memoria:

la nevera era blanca, y sobre ella había imanes de colores, recuerdos, papeles sujetos con clips, y cositas que parecían contar historias de familia.

Me senté en el sofá con la mente a mil por hora, pero el cuerpo exigiendo descanso.

Dormí. Poco, pero dormí.

A la mañana siguiente, alrededor de las 10:00 a.m., me acompañaron nuevamente al aeropuerto.

En el camino, les dije con una sonrisa nerviosa que quizá mi familia me enviaría un boleto de regreso a Santo Domingo.

Que yo estaría bien… Para no preocuparlas más.

Ya había pasado lo más difícil. Ya había sido obediente.

Y aunque aún no sabía cómo lo haría, **mi plan, junto al Señor, era quedarme.**

Me dejaron en una sala de espera.

Me abrazaron como si ya me conocieran de toda la vida. Y se marcharon.

Y ahí me quedé… sola, otra vez.

Comencé a caminar de un lado a otro.

Sin rumbo. Sin idea.

Era como si cada paso fuese una pregunta sin respuesta.

El aeropuerto era un universo en sí mismo:

gente con prisa, niños llorando, anuncios por los altavoces, maletas, idiomas desconocidos.

Yo me perdía entre ellos, intentando pasar desapercibida.

Recordé las palabras del Salmo 23:

"El Señor es mi pastor, nada me faltará."

Y con esa promesa resonando en mi alma, **oré.**

Oré como quien no tiene otra opción.

Oré con fe... pero también con miedo.

Porque, aunque confiaba en que Dios no me dejaría sola,

temía que en cualquier momento alguien me descubriera.

Temía que las autoridades del aeropuerto notaran que no tenía a nadie, que era menor de edad,

y me regresaran a mi país.

Mi corazón latía fuerte.

Mis manos sudaban.

Y mis ojos miraban todo,

tratando de aparentar seguridad.

Pero por dentro,

me sentía detenida en el tiempo.

No sabía cómo llegar a Nueva York.

No tenía un plan.

Solo tenía esa fe ardiente...

porque, en ese momento,

era lo único que tenía en un mundo que parecía moverse sin mí.

Y sin embargo...

entre todo ese caos, en medio del ruido, las despedidas, las llegadas...

yo seguía allí. De pie.

Porque, aunque estaba sola... no estaba abandonada.

Dios seguía escribiendo mi historia.

Y ese, apenas, era el siguiente capítulo.

En el aeropuerto de Miami con 32 dólares y un sueño

La noche ya se había adueñado del aeropuerto de Miami.

Las luces frías brillaban sobre los pisos relucientes,

y la multitud seguía su curso como un río humano que nunca se detenía.

Yo, en cambio, estaba varada.

Detenida entre el pasado que había dejado atrás en Santo Domingo

y el futuro incierto que aún no se revelaba.

Con apenas $32 en mi bolsillo —los mismos que mi madre me había dado con tanto sacrificio—,

ya había gastado algunos dólares en un simple jugo de naranja.

El frío del jugo contrastaba con la tristeza que me quemaba por dentro.

Me senté en un rincón, abrazando mi mochila, mi único refugio, y me llevé el vaso de cartón a los labios mientras observaba a la gente pasar.

Cada persona parecía tener un destino, un hogar, una historia que seguir.

Yo solo tenía el eco de una promesa de Dios resonando en mi corazón.

Pero el miedo era real.

La incertidumbre me apretaba el pecho,

y las lágrimas comenzaban a caer, silenciosas, una a una,

como confesiones que nadie escuchaba.

Mientras saboreaba ese jugo —el más caro y doloroso que haya tomado en mi vida—,

miraba a la multitud con una mezcla de esperanza y desesperación.

Si tan solo alguien se me acercara... si tan solo alguien me dijera: 'ven a mi casa, te doy un rinconcito donde dormir y algo de comer'..., pensaba con el corazón roto.

Estaba nerviosa. Muy nerviosa.

Una niña adolescente, sola, extranjera, sin familia, sin dirección, sin dinero.

Un país nuevo.

Una lengua distinta.

Una ciudad inmensa como un océano sin orilla.

Me sentía diminuta.

Invisible.

Pero aun así... decidida a resistir.

Sabía que no podía quedarme allí para siempre.

Que el dinero no alcanzaría ni para el desayuno del día siguiente.

Que dormir en un banco no era opción.

Pero ¿qué otra cosa podía hacer?

Lloré.

Lloré como una niña que extraña a su madre, a su padre, a sus hermanas.

Lloré por la valentía que me empujó a tomar ese avión sin saber a dónde iba a llegar exactamente.

Lloré porque no sabía si lograría sobrevivir.

Pero aun llorando, aun temblando...

sabía que no podía rendirme.

Porque dentro de mí,

seguía latiendo una voz suave pero poderosa que decía:

Resiste. Yo estoy contigo.

Y así, con el estómago vacío, el alma temblando y el corazón ardiendo de fe,

me sequé las lágrimas, recogí mi mochila y me preparé para seguir.

No sabía cómo ni cuándo,

pero sí sabía una cosa:

Dios no me había traído hasta allí para abandonarme.

La noche había caído sobre el aeropuerto de Miami,

y con ella también el peso del cansancio sobre mis hombros.

Las luces fluorescentes del techo zumbaban con monotonía,

y el aire acondicionado seguía soplando con indiferencia,

como si no le importara que yo, una pequeña adolescente,

sin rumbo, estuviera sentada tratando de sobrevivir al cansancio, al frío y a la incertidumbre.

Mis pies me dolían.

Mi cuerpo estaba exhausto.

Mis párpados caían como persianas rendidas.

Estaba completamente agotada.

Mi cuerpo no daba más.

Me acurruqué en uno de los bancos largos, abrazando mi mochila, que en ese momento era todo lo que tenía.

Cerré los ojos y me dejé llevar por el cansancio,

por el deseo de desaparecer al menos por unas horas del dolor que me apretaba el pecho.

En ese banco, en medio de desconocidos que iban y venían,

me quedé dormida.

No sé cuánto tiempo pasó,

pero de pronto, me despertó una voz suave pero firme,

como un rayo de realidad en medio del sueño:

—**¿Estás bien?**

Abrí los ojos, desorientada.

Frente a mí estaba una mujer uniformada, una empleada del aeropuerto.

Sus ojos me miraban con una mezcla de preocupación y autoridad.

—**Sí...** —respondí con voz débil, tratando de mostrar fortaleza.

—**¿No tienes adónde ir?**

Negué suavemente con la cabeza, tragando el nudo en mi garganta.

—**No... no tengo adónde ir.**

Ella se agachó un poco, poniéndose a mi altura.

—**No puedes quedarte aquí, mi amor. Tienes que llamar a alguien que venga a buscarte.**

Quise responder algo,

pero no tenía a quién llamar.

No tenía familia en ese estado.

Ni dirección.

Ni destino claro.

Estaba sola. Completamente sola.

En ese instante, sentí que la tierra se abría bajo mis pies.

Pero aun en medio de la angustia,

algo dentro de mí me recordaba que no estaba sola:

Dios seguía conmigo.

Mientras ella esperaba mi respuesta, yo solo podía orar en silencio:

"Señor, ¿y ahora qué hago?

Muéstrame la salida…"

¿A quién iba a llamar?

No tenía teléfono.

No tenía dirección.

No conocía a nadie en Miami.

Todo lo que tenía eran mis sueños

y la palabra que Dios me había dado días antes.

Pero en ese instante,

hasta la promesa más fuerte parece desvanecerse frente al suelo frío de la realidad.

Traté de mantenerme serena, pero por dentro me sentía pequeña, rota.

Era una menor de edad, sola en otro país,

sin recursos, sin destino.

Lo único que tenía era mi fe.

Miré a la mujer y bajé la mirada.

Ella no insistió más.

Solo se quedó parada unos segundos, como esperando que algo pasara.

Y algo pasó.

Dentro de mí, una voz suave, casi imperceptible, me habló con claridad:

"No tengas miedo. Estoy contigo."

La misma voz que me habló aquella noche en Santo Domingo.

Sentí calor en el pecho.

Era como si una manta invisible me cubriera por unos segundos.

No tenía plan,

pero tenía a Dios.

Y eso me dio fuerzas.

Me quedé unos minutos sentada, pensando en qué hacer,

esperando una señal, una idea, una persona.

Y fue ahí,

en medio de la desesperación,

que la historia dio otro giro

Una puerta que se abre

Después de aquel encuentro con la mujer del aeropuerto y el trago agridulce de aquel jugo de naranja,

mis pensamientos volaban tan rápido como los aviones que despegaban sin cesar.

Me sentía pequeña entre la multitud,

como una hoja en medio de una tormenta.

Las lágrimas me resbalaban silenciosas mientras me decía a mí misma:

No puedo rendirme ahora... vine de tan lejos, no es el final.

El teléfono público del aeropuerto colgaba de un muro desgastado.

A su lado, yo sostenía mis últimos centavos como si fueran oro.

Había pasado la noche entera despierta, sin saber a dónde ir,

con los ojos hinchados de tanto llorar.

El eco de los anuncios de vuelos llenaba el aire,

pero ninguno iba hacia mí.

Me acerqué una vez más al teléfono público,

mis manos temblaban al levantar el auricular.

Con el corazón oprimido, marqué con cargo por cobrar a Santo Domingo, a mi hermana Carmen Juana.

Al escuchar su voz, se me quebró el alma.

No podía evitar llorar.

—Carmen Juana... no sé qué hacer. Estoy en el aeropuerto... y no tengo a dónde ir —le dije tragándome las lágrimas.

Hubo un silencio que pesaba toneladas.

—Escúchame, Nuriss —me dijo al fin, con determinación—.

Recuerdo que Luisa, la esposa de nuestro tío Antonio, nos dio el número de su hermana que vive en Nueva York. Se llama Dolores... No sé cómo es ella, pero llama. ¡Llámala ahora mismo! Tal vez pueda ayudarte.

¿A Dolores? ¿Llamar a una extraña, a un nombre sin rostro?

¿Cómo pedir ayuda a alguien que ni siquiera me conocía?

Pero no tenía otra opción.

Solo fe. Fe en que Dios movería su corazón.

Con el poco cambio que me quedaba, marqué el número que mi hermana me dictó.

Lo hice con cargo por cobrar. El teléfono sonó una vez, dos veces, pero nadie contestaba.

Mi alma estaba al borde del desaliento.

El cansancio, el hambre, la incertidumbre... me apretaban por dentro.

Volví a intentarlo. Otra vez. Una Y otra vez.

Me sentía desesperada,

como una barca a punto de hundirse.

Hasta que por fin... alguien levantó el auricular.

—¿Aló?

—¿Habla Dolores? —dije con voz temblorosa—.

Soy Nuriss, sobrina de Antonio, esposo de su hermana Luisa. Estoy en el aeropuerto de Miami... No tengo adónde ir... Me dijeron que tal vez usted podría ayudarme a llegar a Nueva York.

Hubo un silencio largo.

—¿Tú estás sola allá? —preguntó ella, dudando.

—Sí. No tengo familia aquí. Solo... solo quiero llegar a Nueva York. Le prometo que, si me ayuda, trabajaré, haré lo que sea necesario. Solo necesito un lugar seguro y una oportunidad.

La pausa fue eterna.

Sentí que el corazón se me paralizaba.

Entonces, su voz cambió.

Se volvió más cálida, más humana.

—Dame unos minutos. Llámame más tarde.

Horas más tarde,

luego de nuevas llamadas y oraciones silenciosas,

finalmente me dijo:

—Voy a llamar a la aerolínea. Si consigo enviarte el boleto, te lo haré llegar al mostrador. Estate atenta.

—¿De verdad? ¿Usted haría eso por mí? —pregunté con un nudo en la garganta.

—Sí, hija. Te voy a ayudar. Dime cómo vas vestida para reconocerte cuando llegues.

—Llevo una falda verde azul con florecitas rosadas.

El milagro ocurrió.

Dolores aceptó ayudarme.

Mis piernas temblaban.

Mi corazón latía desbocado.

No podía creerlo.

Colgué. Me quedé parada frente al teléfono, levanté la cabeza y susurré:

—Gracias, Señor… Sé que estás obrando.

Horas eternas pasaron después de aquella llamada.

Cada minuto parecía un año.

Me senté cerca del área de espera,

abrazando mi mochila azul como si fuera mi única amiga.

Estaba agotada.

Pero no vencida.

Mi mirada se clavaba en las puertas automáticas del aeropuerto,

por donde salían cientos de personas con destino, con familia, con planes…

todo lo que yo no tenía.

Finalmente, sentí un impulso en mi espíritu.

Me levanté y caminé hacia el mostrador de la aerolínea.

—Disculpe… ¿Hay algún boleto reservado a nombre de Nuriss?

La agente tecleó lentamente.

Yo apenas podía respirar.

Entonces levantó la vista y dijo:

—Sí. Aquí está. Tu boleto a Nueva York está confirmado. Lo acaba de pagar una señora llamada Dolores.

¡Era real!

Di saltitos de alegría sin poder contenerme.

Agarré el boleto contra mi pecho y lloré.

Lloré de gozo.

Lloré de alivio.

El boleto en mis manos no era solo un pedazo de papel:

era la prueba viva de que el cielo se había movido a mi favor.

La emoción me desbordó.

Me alejé unos pasos, abracé el boleto como un tesoro

y, mirando al cielo, susurré:

—Gracias, Señor... Tú no me has dejado.

Finalmente, llamé a mi hermana Carmen Juana:

—¡Me voy! ¡Ya tengo el pasaje! Dolores me lo envió.

Su llanto de alegría al otro lado del teléfono fue mi confirmación.

—¡Gloria al Señor! ¡Se va para el Norte! ¡Nuriss se va para Nueva York!

Mientras colgaba el teléfono, miré al cielo a través de los ventanales del aeropuerto:

—Aquí comienza el verdadero viaje, Señor, contigo.

Cuando mi nombre fue llamado por los altavoces,

me puse de pie, aún con las manos sudorosas,

y caminé hacia la puerta de abordaje con el boleto apretado entre los dedos,

como un tesoro sagrado.

El avión comenzó a elevarse.

La pista se hizo pequeña.

Las luces de Miami se desvanecieron.

Este no era el final.

Era apenas el comienzo.

Lloré en silencio.

Mientras contemplaba el cielo dorado,

supe que aquella adolescente que había dormido en bancos fríos,

que no tenía pasaje,

ahora volaba sostenida por la mano invisible de Dios.

La ciudad de Nueva York me esperaba...

y con ella, un nuevo capítulo de fe, lucha y propósito.

Llegada a New York

Sentí que el corazón se me subía a la garganta.

Tres horas después, el avión aterrizaba en una ciudad que solo conocía por fotos y películas.

Nueva York.

Vestía la misma falda que le había descrito a Dolores por teléfono:

una falda verde azul con florecitas rosadas.

Era mi única señal de identidad...

mi única forma de ser reconocida al aterrizar.

No llevaba maletas.

Solo una mochila azul colgada en mis hombros,

pequeña pero cargada de sueños, fe y resistencia.

El avión rodó por la pista del aeropuerto internacional John F. Kennedy.

Por la ventanilla, solo alcanzaba a ver luces, neblina y gigantescas estructuras metálicas.

Todo parecía moverse a un ritmo diferente,

como si el mundo aquí corriera más rápido que en cualquier otro lugar del planeta.

Cuando bajé del avión,

la marea humana me envolvió.

Hombres, mujeres, niños, maletas rodantes, voces en inglés por los altavoces...

Todo era confuso. Abrumador.

Las personas caminaban con prisa, sabían exactamente hacia dónde iban.

Yo, en cambio, no sabía ni a quién buscar.

Me dejé llevar por la multitud,

siguiendo los pasos de los demás,

esperando que el instinto —y Dios— me guiara.

Cuando llegamos a la zona de reclamo de equipaje,

todos comenzaron a dispersarse.

Algunos se detenían en las cintas transportadoras, otros se abrazaban con familiares.

Y yo... yo me quedé sola.

Recordaba que Dolores estaría allí, junto a su esposo Andrés, con un letrero con su nombre.

Pero no sabía cómo era ella, ni su esposo.

Lo único que sabían de mí era que vestía una falda verde azul con florecitas rosadas.

Me paré junto a una columna, intentando no estorbar, mientras la gente pasaba apresurada a mi alrededor. **Los nervios se apoderaron de mí.**

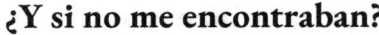

¿Y si no me encontraban?

¿Y si habían venido y no me vieron?

Cada vez que alguien levantaba un cartel, yo me estiraba para ver si decía:

"Dolores" o "Nuriss."

Pero nada. Los minutos parecían horas.

Empecé a caminar en círculos, escaneando rostros, ropa, miradas,

sin saber exactamente qué buscaba.

El aire se sentía denso, y mi garganta estaba seca.

De repente, vi una pareja parada cerca de la salida.

El hombre, mayor, con rostro amable;

la mujer, más joven, sostenía un pequeño cartel que decía simplemente: **"Dolores."**

Me acerqué lentamente, casi temblando. Ella me miró de arriba abajo. Su rostro se iluminó.

—¿Eres Nuriss? — preguntó, con una sonrisa que me devolvió el alma al cuerpo.

—Sí... soy yo —respondí con una voz tenue.

Entonces ella se acercó y me abrazó con cariño.

El alivio me inundó como un torrente.

Andrés me dio la bienvenida con una sonrisa tímida y tomó mi mochila azul.

Dolores me miró como si ya me conociera de toda la vida.

—Sabía que eras tú por la falda —dijo, riendo suavemente—. ¡Esa fue nuestra pista!

Y así, entre abrazos y sonrisas tímidas, salimos juntos del aeropuerto.

Las puertas automáticas se abrieron frente a mí

y el aire frío de Nueva York me dio la bienvenida con su primer suspiro.

El Bronx me pareció un lugar ruidoso, gris y desconocido.

Los edificios eran altos, las calles infinitas, los trenes elevados rugían sobre mi cabeza.

En cada esquina, personas apresuradas, rostros de muchas culturas.

Y yo, con mi falda de florecitas y mi mochila azul,

me sentía como una gota en un mar inmenso.

En el carro, Dolores y Andrés conversaban,

pero mis ojos no podían apartarse de la ventana.

Veía tiendas iluminadas, vendedores callejeros, taxis amarillos multiplicándose por docenas.

Nunca había visto una ciudad tan viva.

Al llegar al edificio donde ellos residían, subimos unas escaleras que crujían con cada paso.

El modesto apartamento, en un segundo piso, **era mi primer refugio en esta tierra desconocida.**

Me mostraron la sala donde dormiría. No era mucho, pero para mí, **era un palacio.**

Me recibieron con amabilidad, aunque sus ojos reflejaban un poco de suspicacia.

No me conocían. **Yo no sabía cuánto tiempo podría quedarme.**

Pero esa noche, tenía un techo. Y eso era suficiente.

Desde la ventana, las luces de la ciudad parpadeaban y despertaban mis pensamientos.

Nueva York vibraba, se movía, me hablaba...

y aunque yo me sentía tan pequeña, sabía que era parte de algo más grande.

Mi mochila azul guardaba más sueños que ropa.

Dentro de mí llevaba la firme convicción de que **Dios tenía un plan.**

Me senté en el sillón.

El cansancio acumulado de días enteros caía sobre mis hombros.

Mientras escuchaba el murmullo del tren y las sirenas que no cesaban,

pensé en Santo Domingo.

En mi mamá.

En mis hermanas.

En la iglesia de madera.

En mi calle, la calle Sánchez.

Y entendí:

este lugar era una selva de concreto...

pero si Dios me había traído hasta aquí,

era porque tenía un propósito.

Me abracé a mí misma, cerré los ojos y susurré:

—Señor, yo no entiendo todo esto, pero confío en Ti.

El cuerpo ya no podía más.

Me recosté sobre el sofá.

Y antes de darme cuenta…

me quedé dormida, en un sueño profundo,

de esos que solo llegan cuando el alma ha estado en un hilo todo el día.

Y fue así como,

en medio de esa ciudad que nunca dormía,

una pequeña adolescente inmigrante comenzó a escribir su nueva historia.

Extraña en la gran ciudad

Desperté en el sofá del apartamento de Dolores, en el Bronx,

con la luz gris del amanecer filtrándose por la ventana.

Por un momento no supe dónde estaba.

Mi cuerpo aún recordaba el frío del aeropuerto,

el peso de la mochila azul en mis hombros,

el temblor de la incertidumbre.

Pero ahí estaba. En un nuevo hogar. En una ciudad que no conocía. Nueva York.

Me incorporé despacio.

El apartamento estaba en silencio.

Dolores y su esposo ya estaban despiertos, ocupados con sus rutinas.

Me saludaron con amabilidad,

sin embargo, **el ambiente estaba cargado de esa tensión que produce lo inesperado.**

No era fácil para ellos tener a una adolescente desconocida en su casa.

Y tampoco lo era para mí...

ser una desconocida en ese lugar.

Ese día comenzó como una página en blanco.

Desde la ventana, observaba el ir y venir de los carros,

las voces conversando en inglés, el movimiento frenético de la ciudad.

Todo era tan rápido. Tan ajeno.

Yo, que venía de un pueblito donde se escuchaban los pajaritos en la mañana

y cánticos de iglesia en las noches,

ahora estaba rodeada de edificios grises, ruido constante

y aceras cubiertas de gente que no me veía.

Me sentía pequeña.

Invisible.

Pero no quebrada.

Aunque mis ojos se humedecían en silencio,

aunque me dolía la garganta de aguantar las lágrimas,

aunque extrañaba a mi familia y a mi país con cada fibra de mi ser...

yo sabía que no estaba sola. El Señor estaba conmigo.

Y en mi corazón resonaba el eco constante de una promesa:

"Yo estaré contigo dondequiera que vayas."

Durante esos primeros días, trataba de no incomodar a Dolores.

Me mantenía en la sala, ordenada, silenciosa.

Me ofrecía a ayudar, aunque muchas veces me decían que no hacía falta.

Mi mente no dejaba de preguntarse:

¿Y ahora qué?

¿Qué sigue?

¿A dónde iré?

¿Cuánto tiempo me dejarán quedarme aquí?

Pero algo dentro de mí me recordaba:

este era solo un paso más.

Cada noche en ese sofá,

cada mirada por la ventana,

cada oración susurrada...

eran **parte de un proceso por el cual tenía que pasar.**

Así empezó mi vida en Nueva York.

Sin escuela.

Sin familia.

Sin certezas.

Pero con algo más fuerte que todo eso:

una esperanza plantada en tierra nueva.

Primeras impresiones del gigante de hierro

Nueva York...

el mismísimo gigante de concreto, acero y sueños.

Desde el momento en que salí del aeropuerto y me encontré cara a cara con la ciudad,

supe que estaba en un mundo completamente distinto.

Todo se movía tan rápido. Los carros. Los trenes. La gente.

Todos parecían correr bajo la presión del tiempo.

Los rascacielos se alzaban imponentes hacia el cielo,

como manos gigantes desafiando las nubes.

Miraba hacia arriba y parecía que no terminaban nunca.

El aire era frío,

con un olor de comida callejera, humo y algo metálico.

Sentí una mezcla de emoción y miedo...

como si el corazón me dijera:

"¡Al fin lo lograste!"

y al mismo tiempo me susurrara

"Prepárate, que esto no será fácil."

Los letreros en inglés me abrumaban.

No entendía casi nada, pero trataba de descifrar lo que podía.

Las luces.

Las bocinas de los carros.

El murmullo constante del metro bajo tierra...

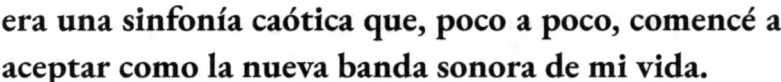

era una sinfonía caótica que, poco a poco, comencé a aceptar como la nueva banda sonora de mi vida.

Recuerdo que mientras viajábamos hacia el Bronx, donde me alojaría al principio,

miraba por la ventana del carro con los ojos bien abiertos,

como si quisiera absorber cada detalle.

La nieve se acumulaba en las esquinas

y los árboles estaban desnudos por el invierno.

Me sentí pequeñita entre tantos edificios.

Pero al mismo tiempo... viva.

Tan viva como nunca antes.

No entendía muchas cosas,

solo entendía que había llegado.

Había llegado a la ciudad donde todo es posible.

La ciudad que me recibía y me retaba al mismo tiempo.

Los días en el Bronx comenzaron a pasar lentos, fríos y silenciosos.

Mi rutina era simple: despertar temprano, ayudar en lo que

pudiera, mirar por la ventana, orar en silencio.

A veces pasaba el día entero en la sala,

con mi mochila azul a un lado,

como si fuera mi único punto de referencia.

Dolores y su esposo eran amables, pero también reservados.

No me hacían preguntas

y yo tampoco hablaba mucho.

Me sentía como una visitante accidental,

como una invitada del destino.

Las voces del barrio eran distintas.

La música, el idioma, la forma en que la gente caminaba.

Todo era nuevo.

A veces me asomaba por la ventana solo para ver pasar la vida.

Veía niños corriendo por las aceras,

madres empujando coches,

ancianos sentados en las escaleras de los edificios.

Y yo... detrás del cristal.

Las noches eran las más duras.

La nostalgia me atrapaba sin pedir permiso.

Pensaba en mi madre, en mi hermana Carmen Juana, en mi hermano Julián,

en mis hermanas Rosa Chovy y María Belkis.

Y me preguntaba si estarían bien.

A veces lloraba en silencio cuando todos dormían.

No por debilidad.

Sino porque mi alma necesitaba espacio para desahogarse.

Pero en medio de esos días grises...

había algo que no se apagaba:

mi fe.

Cada mañana, antes de que saliera el sol,

me arrodillaba junto al sofá.

Con la Biblia en mis manos y el corazón temblando,

le hablaba al Señor.

Le contaba mis miedos. Mis dudas. Mis anhelos.

Y aunque no tenía respuestas claras,

sentía Su presencia como una corriente que me envolvía.

—No estás sola. Esto también pasará.

Un día, mientras ayudaba a limpiar un poco la cocina,

Dolores se me quedó mirando.

Me preguntó con voz suave:

—¿Tienes algún plan? ¿Sabes a dónde quieres ir?

Me quedé en silencio unos segundos.

Y luego respondí:

—No lo sé aún. Solo sé que Dios sí lo sabe.

No tenía un mapa.

No tenía promesas humanas.

Pero tenía dirección espiritual.

Y en ese tiempo de incertidumbre,

Dios estaba preparando el terreno.

No lo sabía entonces...

pero el próximo giro estaba más cerca de lo que imaginaba.

Algo comienza a moverse

Los días seguían pasando en aquel apartamento del Bronx,

marcados por el sonido del tráfico,

el eco de los pasos en las escaleras

y la rutina inalterable de los que trabajaban duro para sobrevivir.

Yo observaba desde la sala,

entre libros, oraciones y pensamientos que a veces me pesaban más que la propia ciudad.

Algo, muy dentro de mí, comenzó a despertarse.

No fue una voz.

Ni un sueño revelador.

Fue más bien una inquietud sagrada.

Como si Dios empezara a empujarme suavemente desde adentro.

Como si me dijera:

—No te traje hasta aquí para que te quedes sentada.

Una tarde, mientras recogía algunos platos en la cocina,

escuché una conversación entre Dolores y su esposo.

Hablaban en voz baja,

pero alcancé a entender una frase:

—Ella necesita algo que hacer… algo que le devuelva la fuerza.

Esa frase se me quedó dando vueltas en la mente.

Me dolió un poco, pero también me despertó.

¿Acaso me estaba apagando?

¿Estaba empezando a olvidarme de quién era

y de todo lo que ya había superado?

Esa noche, en mi oración, le dije al Señor:

—Si es tiempo de moverme… muéstramelo.

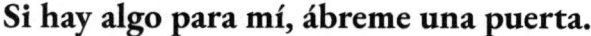

Si hay algo para mí, ábreme una puerta.

No quiero quedarme detenida.

Estoy lista.

Oré con el corazón abierto, sin condiciones.

Solo con ansias de entrega.

Y al día siguiente… ocurrió algo.

Dolores me preguntó si me gustaría salir a dar una vuelta con ella,

a hacer unas diligencias en la ciudad.

No era mucho… Sin embargo, para mí fue todo.

Me cambié de ropa como si me preparara para una gran cita.

Peiné mi cabello con más esmero del habitual.

Miré mi reflejo en el espejo y por primera vez desde que había llegado,

vi una chispa en mis ojos.

Salí a la calle y sentí el aire en la cara como un suspiro nuevo.

Los sonidos eran los mismos,

pero ahora yo los escuchaba distinto.

Ya no era solo una adolescente perdida.

Era una hija de Dios en movimiento.

Fuimos a varios lugares.

Ella me mostraba cómo funcionaban cosas básicas,

cómo leer los nombres de las calles,

cómo moverse por el vecindario.

Era como si estuviera volviendo a nacer...

pero en una tierra completamente desconocida.

Mientras caminábamos por las calles del Bronx,

sentía que cada paso marcaba un nuevo comienzo.

Cada esquina era una posibilidad.

Cada cruce, una decisión.

Y aunque no sabía aún hacia dónde me llevaría todo eso...

sentí que algo había comenzado.

No era un cambio gigante, ni un milagro estruendoso.

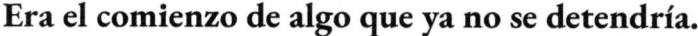

Era el comienzo de algo que ya no se detendría.

Dios había comenzado a mover piezas...

y yo estaba dispuesta a seguir Su compás.

El silencio empezaba a romperse.

Y mi alma comenzaba a caminar.

Unos días después, Dolores —quien me había recibido sin conocerme realmente—

me dijo con firmeza:

—Vamos, puedes salir abajo a caminar por el vecindario.

Antes de salir, me regaló un abrigo viejo que tenía guardado.

Me quedaba un poco grande,

las mangas casi me tapaban las manos,

pero en ese frío neoyorquino era una bendición.

No me importaba que no me quedara perfecto;

lo importante era que me abrigaba... y, en ese momento, eso era todo lo que necesitaba.

Salí a caminar por el vecindario.

Vi las calles, los nombres en las esquinas

y allí cerca quedaba la estación East Tremont Avenue,

donde pasaban los trenes 2, 5, B y D.

Me acerqué a la entrada del subway, miré con asombro y me dije en silencio:

—Por ahí se entra. Dolores ya te había dicho, tienes que comprar un token —una especie de ficha que se usa en lugar de un boleto— y eso te permite pasar los torniquetes y montar el tren. Es fácil.

Pero no entré a la estación del tren.

Me quedé parada frente a la escalera de la estación,

con una mezcla de nervios, miedo y una inusitada determinación que comenzaba a despertar dentro de mí.

No sabía ni cómo se leía el mapa,

ni cómo se sabía cuál era la parada correcta,

ni cómo se identificaban los trenes.

Solo sabía que tenía que aprender.

Nadie lo haría por mí.

Esa fue la primera y única vez que Dolores me dio alguna indicación de cómo funcionaban las cosas en Nueva York.

Desde ese día, **el aprendizaje fue mío. Así empezó mi verdadero recorrido en New York.**

uno que ya no era solo físico, sino también espiritual.

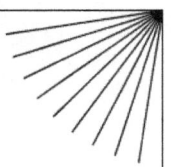

CAPÍTULO 6

Cuando todo se nubló
Soledad, fábrica, carta desgarradora,
nieve, dormida en el tren, noche de
desesperación, pedir 5 centavos para
comer, al borde de la muerte

CAPÍTULO 6

Cuando todo se nubla
Soledad. Lluvia, carretera desierta, sin
nieve, dormida en el tren, bar o tienda,
desesperación, pedir Centavos, nada qué
comer, al borde de la muerte.

Mi primera salida sola en New York

Me quedé un tiempo más en casa de Dolores.

Ella intentaba ayudarme, aunque se notaba que no era fácil.

Hacía lo posible por buscarme algún trabajo, algo que pudiera hacer,

una puerta que se abriera...

Pero yo era solo una pequeña adolescente.

Y en Estados Unidos, a las niñas adolescentes sólo pueden trabajar algunas horas en el verano o después de la escuela, no se les abren puertas.

Se les cierran con suavidad,

como quien apaga una luz sin ruido.

Dolores me miraba con compasión.

Yo era pequeña, flaquita, tímida... apenas un suspiro.

Parecía más frágil de lo que era.

Y quizás por eso, nadie me tomaba en serio.

—Eres muy tierna, muy chiquita… aquí no le dan trabajo a una niña como tú —me dijo una vez, como quien intenta no herir, pero no puede disfrazar la realidad.

Pero ella insistió.

Habló con unos conocidos suyos que tenían una factoría.

Pasaron unos días desde que salí por el vecindario y vi la estación de tren.

Una mañana, mientras desayunaba en silencio, me dijo:

—Hablé con unos amigos. Te van a dar trabajo en una factoría. Es cosiendo ropas, nada del otro mundo. Empiezas mañana.

Asentí con una sonrisa tímida, aunque por dentro no sabía ni cómo reaccionar.

No entendía cómo funcionaban las fábricas,

ni mucho menos el trabajo que se requería para coser.

Pero algo sí sabía:

necesitaba hacer algo. Y no podía decir que no.

Esa noche no dormí bien.

Me dolía el estómago de los nervios.

Al día siguiente, muy temprano, Dolores me explicó cómo llegar.

No me acompañó.

Me entregó un papelito con la dirección y me dio unas monedas para el bus.

—Te montas aquí y te bajas allá. Pregunta si te pierdes —me dijo en voz rápida.

Yo tomé el bus, sola, por primera vez.

Me senté junto a la ventana, apretando el papel con la dirección entre mis dedos.

Todo era nuevo. Las calles, los avisos en inglés, los anuncios por el altavoz del bus.

Me temblaban las piernas.

Me sentía como una niña deambulando en un mundo desconocido.

Cuando llegué, la fábrica era un edificio gris, sin ventanas visibles.

El aire olía a tela, a vapor, a sudor.

Me entregaron un uniforme, una máquina vieja,

y me señalaron con la cabeza el lugar donde debía sentarme.

El trabajo era coser una misma pieza una y otra vez.

Una y otra vez. La misma tela. La misma costura.

El mismo ruido constante de las máquinas.

El ambiente era hostil. Las mujeres hablaban en inglés y en idiomas que no conocía.

Yo me mantenía callada. Observaba. Trataba de seguir el ritmo.

Pero las agujas, los hilos, la velocidad... **todo era demasiado para mí.**

Mis manos temblaban. Me pinché varias veces los dedos. Sentía el cuello tenso, los ojos nublados.

A mediodía, apenas pude tragarme el poco almuerzo que llevaba.

Me sentía pequeña. Extraña. Incapaz.

Duré dos días.

Solo dos días me sostuvo el cuerpo y el alma.

Fui.

Con esperanza.

Con ilusión.

Con fe.

Pero apenas crucé la puerta,

el ambiente me abrumó.

El ruido de las máquinas era ensordecedor.

El olor a metal, el sudor, los gritos, la velocidad…

todo me parecía irreal, como una pesadilla de la que no podía despertar.

Mi cuerpo no resistía.

Mis manos temblaban.

Los músculos se me tensaban.

Los ojos se me nublaban con cada hora que pasaba.

Aguanté un día.

Volví al segundo.

Y ahí entendí que no podía más.

Me apoyé en una pared.

Una lágrima me rodó por la mejilla.

No de debilidad. Sino de impotencia.

Yo quería ayudar. Quería valerme por mí misma.

Pero ese trabajo no era para mí.

Salí de la fábrica con la mirada baja, los brazos adoloridos y el alma tambaleando.

Regresé a casa con los ojos llorosos.

Le dije a Dolores que no podía más.

Que lo había intentado, pero no podía seguir.

Ella me miró, apretó los labios y no dijo mucho.

Quizás pensó que era una niña floja.

Tal vez tenía razón.

Pero yo sabía en mi interior que esa no era mi batalla.

Ese no era mi lugar.

Sentí vergüenza. Me sentí inútil.

Pero también entendí que no todo se logra a la fuerza.

Que a veces, no se trata de rendirse,

sino de reconocer que hay caminos que no nos pertenecen.

Ese fue mi primer trabajo en Nueva York.

Mi primer intento.

Y también, mi primer fracaso.

Sabía, no obstante, que Dios tenía algo más grande para mí.

Esa noche... no cené.

No tenía hambre.

Pero más que eso,

no tenía ánimo.

Me encerré en el pequeño baño del apartamento,

ese espacio donde podía estar sola, aunque fuera por unos minutos.

Cerré la puerta, bajé la tapa del inodoro, me senté y abracé mis rodillas.

Lloré en silencio. Bajito.

No quería que nadie me oyera.

No quería molestar.

No quería ser una carga.

Pero algo dentro de mí se rompió.

Me cubrí el rostro con las manos y comencé a orar,

a hablar con el único que sabía cómo me sentía realmente.

—Señor, ¿para esto me trajiste?

¿A esto vine? A fallar, a no servir, a cansarme, a dolerme...

La soledad se hacía más pesada a medida que las lágrimas caían.

La voz de mis pensamientos me decía que tal vez me había equivocado.

Y en medio de esas dudas, de ese baño silencioso,

algo pasó.

No fue una voz.

No fue una palabra.

Fue una sensación... suave... como un susurro desde adentro.

Como si alguien me abrazara desde el alma.

No era explicable.

No era visible.

Pero era real.

Una fuerza que no venía de mí me sostuvo por dentro.

Como si el cielo me dijera:

No es aquí. Pero sigue. No te detengas.

Mis lágrimas siguieron corriendo,

pero mi corazón, aunque roto, comenzó a sanar.

Me limpié el rostro con el dorso de la mano,

respiré hondo,

y supe que debía continuar.

Ese no era mi final,

solo un paso más en el camino.

Salí del baño sin decir una palabra.

Nadie preguntó nada.

Nadie notó nada.

Pero yo sabía que algo había cambiado.

Algo dentro de mí se encendió otra vez.

Silencio en el apartamento

Pasaron casi tres semanas.

Yo seguía allí, en ese apartamento prestado,

ayudando en lo que fuera posible para ganarme el pan.

Dolores no era muy conversadora,

pero me permitía quedarme mientras yo limpiaba, recogía, barría o cocinaba a veces.

Yo no quería ser una carga.

Solo quería que me permitiera quedarme, mientras encontraba mi rumbo.

Cada día se parecía al anterior.

La comida llegaba a veces con pocas palabras.

Un plato en la mesa. Un gesto breve.

Otras veces, silencio absoluto.

Yo comía despacio,

como quien agradece cada bocado,

como quien entiende que está viviendo de misericordia.

Las noches eran las más largas.

El televisor sonaba bajo en la sala.

Afuera, el Bronx seguía vivo, con sus sirenas lejanas,

los autos apresurados y ese rumor constante de una ciudad que nunca duerme.

A veces me levantaba temprano,

solo para mirar por la ventana y ver cómo la ciudad comenzaba a despertar.

Me sentía como una sombra dentro de ese lugar.

Invisible.

Como suspendida entre lo que fui... y lo que aún no sabía que sería.

No había reproches.

No había conversaciones profundas. Solo pequeños gestos.

Pero los silencios, esos pesaban más que cualquier palabra.

Sentía el peso invisible de estar allí.

Sentía que los días se acumulaban como hojas secas que nadie recoge.

Mi oración era constante:

Señor, no permitas que me estanque aquí.

Muéveme cuando sea el tiempo.

Y fue en esos días de rutina,

entre el eco del silencio y el susurro de mis oraciones nocturnas,

cuando comencé a sentir algo distinto:

Una inquietud. Un susurro en el alma.

Como si Dios estuviera preparando el escenario...

para el próximo capítulo.

Yo no sabía lo que venía.

Solo sabía que debía mantenerme firme,

en oración, en servicio, y con el corazón dispuesto.

Porque, aunque el apartamento estaba en silencio...

en el cielo ya se estaban moviendo las piezas.

La carta que me partió el alma

Pasaron varios días.

Yo seguía haciendo todo lo posible por ganarme el pan en casa de Dolores.

Le ayudaba con la limpieza del apartamento, recogía la cocina, barría los pasillos, doblaba ropa.

No me lo pedía, pero yo lo hacía... porque sabía que estaba viviendo de su generosidad.

Una tarde cualquiera, mientras ordenaba su habitación,

vi una carta cerca del espejo, justo en el lugar donde siempre limpiaba.

Aquella carta no era para mí.

No llevaba mi nombre.

No había sido entregada en mis manos.

Pero estaba allí... abierta.

Como si me estuviera esperando.

Me acerqué lentamente,

como si supiera que lo que estaba a punto de leer cambiaría algo dentro de mí.

Reconocí de inmediato el nombre del remitente en el sobre que la acompañaba.

Era de Santo Domingo.

De mi propio tío:

Antonio.

El mismo cuya esposa, Luisa, me había dado el número de contacto.

El mismo que sabía que yo estaba sola en Estados Unidos.

Mis ojos comenzaron a recorrer las líneas escritas.

Al principio, no entendía del todo.

Pero a medida que avanzaba,

las palabras se volvían más duras, más frías, más hirientes.

"Supe que Nuriss está en tu casa..."

Me temblaban las manos.

"...Pero nosotros no estamos de acuerdo con eso."

"Esa gente es muy problemática."

"Tú no tienes por qué dejarla vivir en tu casa."

Me quedé paralizada.

El papel vibraba en mis dedos.

Mi corazón golpeaba con tanta fuerza que me costaba respirar.

¿Qué hice mal?

¿Por qué me rechazaba así?

El piso se abría bajo mis pies.

El aire se volvía espeso.

Las lágrimas empezaron a caer, una tras otra, pesadas, calientes, inevitables.

Mi propio tío... me estaba rechazando.

Me llamaba carga. Problema. Intrusa.

Me llevé la carta al pecho y me senté lentamente en el borde del sofá,

sosteniéndola mientras las lágrimas seguían cayendo.

No entendía.

No podía comprender cómo alguien de mi propia sangre podía hablar así de mí,

sin conocer mi dolor,

sin saber de las noches de frío, de hambre, de soledad, de miedo...

En ese instante, entendí por qué Dolores se mostraba distante,

por qué sus palabras eran cada vez más escasas,

por qué su mirada evitaba la mía.

Ella no me lo dijo.

No tuvo el valor.

Pero me dejó la carta abierta,

como quien habla a través de un silencio cobarde.

Me sentí invisible.

Sola.

Rota.

No era solo la distancia.

Era el rechazo de los que llevan tu misma sangre.

Ese rechazo duele de un modo distinto... más profundo.

Esa noche no pude dormir.

Cada vez que cerraba los ojos,

las palabras de la carta se repetían en mi mente como un martillo cruel.

Pero entre el dolor y las lágrimas, me arrodillé.

—Señor... si hasta la familia me da la espalda,

entonces que seas Tú quien me abra las puertas.

No quiero depender de nadie más.

Quiero depender solo de Ti.

Y mientras el Bronx dormía,

una pequeña adolescente, flaquita, con una mochila azul y el alma hecha pedazos,

le entregaba su dolor al único que jamás la rechazaría.

Me miré al espejo, ese mismo espejo junto al cual encontré la carta,

y no reconocí a la niña que me devolvía la mirada.

Pero justo cuando creí que ya no podía más...

recordé lo que Dios me había dicho:

Yo te mostraré lo que debes hacer.

No era el final.

Era otra prueba.

Me limpié las lágrimas.

Doblé la carta con cuidado, como quien cierra una herida,

la coloqué en su lugar.

Y me levanté.

Dolida, sí.

Pero más fuerte que nunca.

Porque, aunque los hombres te cierren las puertas...

cuando Dios decide bendecirte, no hay carta, ni palabra, ni hombre que lo impida.

Bajo la nieve, sin rumbo y con el alma en llamas

Después de leer esa carta... algo se rompió en mí.

No fue solo dolor.

Fue un desgarro silencioso, una mezcla de angustia, rabia, decepción y soledad tan intensa que apenas podía respirar.

Lloré.

No una lágrima, ni un suspiro.

Lloré como una niña abandonada en mitad del mundo.

Y lo peor era que... era cierto.

Estaba sola.

Sin un lugar propio, sin un abrazo, sin un plato de comida asegurado.

No soportaba mirar a Dolores, ni a su esposo, ni siquiera al espejo.

Necesitaba huir.

Sacar ese nudo del pecho, aunque fuera caminando... sin rumbo.

Me puse lo primero que encontré, tomé mi mochila azul... y salí.

Era invierno.

Nevaba.

No una nevada suave de postal.

Era una de esas tormentas que caen como si el cielo mismo llorara conmigo.

La nieve me golpeaba la cara, se me metía en los zapatos, me cubría las piernas,

Me mojaba los tobillos, me helaba los pensamientos.

Pero no me detuve.

Caminaba.

Y caminaba.

Y caminaba.

No tenía mapa.

No tenía plan.

No tenía rumbo.

Solo tenía un corazón roto y dos pies que se negaban a quedarse donde no eran bienvenidos.

Mis manos se congelaban dentro de los bolsillos del abrigo prestado.

Cada paso se hundía en la nieve hasta las pantorrillas.

Pero el frío exterior no era nada comparado al frío que sentía en el alma.

Mis pensamientos gritaban:

—¿Por qué, Señor?

—¿Qué hice mal?

—¿porqué me abandonan?

—¿Por qué soy yo la que siempre tiene que resistir?

Pero no había respuesta.

Solo nieve.

Solo frío.

Solo Bronx.

Me detuve en una esquina.

Miré a mi alrededor y no reconocí nada.

Estaba completamente perdida.

Pero por dentro, una chispa...

una chispa apenas visible... empezaba a encenderse.

Porque en medio de la nieve, del abandono y de la tristeza...

sabía que aún estaba viva.

Y si estaba viva... aún había propósito.

Una fuerza interna, que no era mía, me impulsaba:

Sigue. No te detengas. Esto también pasará.

Seguí caminando hasta llegar a la estación de tren East Tremont Avenue.

Me quedé en la esquina, observando desde lejos, congelada, como si el tiempo se hubiera detenido.

Era la primera vez que me montaba en el metro en Nueva York.

Todo era ruidoso, rápido, desconocido.

Me sentía pequeña, frágil, invisible.

Observé cómo la gente hacía fila para comprar unos tokens metálicos.

Los colocaban en el torniquete y pasaban al otro lado.

No sabía cómo funcionaba… pero aprendí mirando.

Respiré hondo.

Me acerqué.

Saqué unas monedas temblorosas de mi bolsillo y compré mi primer token.

Era redondo, con un agujerito en el centro.

Pero para mí… era más que un simple boleto.

Era mi primer paso de independencia.

Coloqué el token en el torniquete.

Empujé.

Crucé.

Del otro lado no solo estaba el tren…

Estaba mi nueva vida.

Ese día, sin que nadie me lo enseñara, aprendí a tomar el tren en Nueva York.

Y también aprendí que, incluso en medio de la nieve, la confusión y el dolor...

uno siempre puede dar el primer paso.

Porque, aunque me sentía perdida...

Dios seguía guiando mis pasos.

La noche en el tren

La angustia y la desesperación se apoderaron de mí.

Era como si el frío no solo helara mi piel...

sino también mi alma.

Eran las 6:00 de la tarde.

Me encontraba en la estación del tren.

El ruido del metal me envolvía:

pra-pra-pra-pra.

Esperaba... pero no porque tuviera prisa.

No tenía a dónde ir.

No había un hogar esperándome.

No había un techo.

No había familia.

Cargaba mi mapa de los trenes, ese pequeño papel doblado que se había convertido en mi única guía, mi único plan.

Lo miraba... sin saber realmente qué buscaba.

Miraba a la gente.

Miraba el suelo.

Miraba al cielo.

—Ay, Padre... sola y desamparada.

Caminé hacia un extremo de la estación, donde había menos gente.

Todo estaba más oscuro.

Más silencioso.

Más triste.

Me senté en uno de los bancos, bajé la cabeza... y me enfrenté a la verdad:

Esta noche no tengo techo.

Lo sabía.

Lo sentía.

Lo temía.

Tendría que refugiarme en los vagones del tren.

Esos lugares fríos, sucios, inseguros…

donde se mezclan olores, peligros y almas perdidas.

Ahí dormiría.

Una adolescente, con una mochila azul y unas pocas pertenencias.

Yo… sola en Nueva York.

El corazón se me quería salir del pecho.

Palpitaba con tanta fuerza que me dolía respirar.

—¿Tengo que ir a dormir ahí adentro? —me pregunté, llorando bajito, tratando de no hacer ruido entre los desconocidos.

Lo que sucede en los vagones no se lo deseo a nadie.

Hay drogadictos, personas con miradas vacías, hombres que te observan como si no fueras humana.

El piso está sucio, pegajoso.

El aire huele a miedo.

Pero no tenía elección.

Mi temor era real.

El subway de Nueva York no es lugar para dormir.

Y mucho menos para una niña adolescente sola.

La probabilidad de que un policía me levantara sin compasión,

o que un criminal me encontrara vulnerable,

me dejaba sin aliento.

Cada sombra parecía esconder una amenaza.

Cada ruido me hacía saltar.

Cada vez que el tren se detenía, me preguntaba si ese sería el final.

Eran las 3:00 de la mañana.

El vagón iba casi vacío.

Solo algunos rostros sin esperanza… y yo.

Una sobreviviente, con los ojos abiertos por el miedo.

Me sentaba en el vagón del medio.

Me parecía que ahí era menos peligroso.

No lo sabía con certeza...

pero necesitaba creerlo.

Ese día me había montado en la estación de East Tremont, en el Bronx.

Conocía cada cruce, cada calle...

no porque fueran mi hogar,

sino porque se habían convertido en mi campo de batalla diario.

Tomé un tren que iba a Brooklyn.

Y no me bajé.

El tren llegaba al final de la línea, cambiaba de sentido...

y yo seguía allí.

Sin rumbo.

Sin destino.

Pero aferrada a la esperanza de no desaparecer.

No sabía hacia dónde ir.

No sabía cómo sobrevivir otra noche más.

Pero sabía que tenía que hacerlo.

Porque, aunque el mundo fuera oscuro... yo aún llevaba una chispa encendida.

Y esa chispa, aunque pequeña...

era sobrenatural.

Y, aun así, amaneció

Después de horas de oscuridad,

de miedo,

de llanto silencioso en el vagón de aquel tren...

El cielo comenzó a aclararse.

No fue de golpe.

No fue con rayos de sol dorados ni cielos despejados.

Fue una luz tímida, gris, que apenas se filtraba por las ventanas del subway.

Pero para mí... fue un milagro.

Mi cuerpo entumecido no podía más.

Había pasado la noche despierta, con los ojos abiertos y el corazón temblando.

Saltando ante cada ruido, cada paso, cada mirada extraña.

Y, sin embargo, ahí estaba.

Aún viva.

Aún de pie.

Aún creyendo.

El tren seguía su curso de estación en estación,

mientras el mundo allá afuera comenzaba a despertar.

Yo lo observaba todo desde la ventanilla:

Las primeras personas saliendo con sus termos de café.

Los carros atrapados en el tráfico.

Las luces de los negocios encendiéndose poco a poco.

Nueva York no se detenía.

Y yo tampoco.

Apreté mi mochila azul contra el pecho, como si fuera mi armadura.

Tenía frío.

Hambre.

Cansancio.

Pero también tenía una certeza profunda:

Había sobrevivido otra noche.

Y si el sol había salido sobre mí una vez más,

entonces eso significaba que Dios aún me tenía en Su agenda.

Me bajé del tren en una estación cualquiera.

No era un lugar conocido, ni especial.

Pero el simple hecho de pisar la acera y sentir el aire fresco sobre mi rostro me hizo cerrar los ojos y susurrar:

—**Gracias, Señor. A pesar de todo… amaneció.**

Mi ropa seguía mojada.

Mis zapatos llenos de polvo.

Mis manos congeladas.

Pero mi alma… empezaba a calentarse otra vez.

A veces, no necesitamos grandes milagros.

A veces, el milagro es simplemente abrir los ojos y ver la luz del día.

Ese amanecer no trajo respuestas.

Pero trajo esperanza.

Y en ese momento… eso fue suficiente.

Rodeada de gente, sola en el mundo

Las calles ya estaban llenas.

El Bronx vibraba con su ritmo acostumbrado:

gente apurada,

carros tocando bocina,

tiendas abriendo sus puertas.

Todo se movía.

Todo seguía su curso.

Pero para mí... era como si no hubiese nadie.

Caminaba entre multitudes, pero me sentía como un fantasma.

Nadie me conocía.

Nadie me hablaba.

Nadie notaba a la pequeña adolescente flaquita,

con una mochila azul colgada al hombro

y una tristeza profunda en la mirada.

Podía estar en medio del bullicio,

pero, dentro de mí, había un silencio ensordecedor.

Era como estar en un mundo que no me pertenecía.

Un mundo que me ignoraba.

Un mundo que seguía andando... mientras yo me sentía detenida.

Mi mente solo repetía una frase:

Necesito un trabajo.

Era mi pensamiento fijo.

Mi oración constante.

Mi clamor al cielo.

Había estado buscando durante semanas:

golpeando puertas,

preguntando en tiendas, mirando anuncios.

Nada.

Siempre la misma respuesta:

—Eres muy joven.

—No estamos contratando.

—Necesitas papeles.

A veces ni siquiera me respondían.

Solo me miraban con lástima... o peor, con indiferencia.

El rechazo dolía.

Pero más que eso, dolía la sensación de no tener un propósito.

De sentir que no servía.

De estar viviendo, pero sin dirección.

Me sentaba en cualquier banca, abría el mapa de trenes

y trataba de trazar rutas imaginarias,

como si pudiera encontrar en el papel un camino hacia algo mejor.

Mis ojos se llenaban de lágrimas.

No porque fuera débil.

Sino porque estaba cansada.

Cansada de fingir que estaba bien.

Cansada de esperar un milagro que no llegaba.

Cansada de sonreírle a la gente con la esperanza de que alguien me preguntara:

—¿Estás bien? ¿Necesitas ayuda?

Pero nadie lo hacía.

Yo era solo una más.

Una sombra entre muchas otras.

Y, sin embargo, me negaba a rendirme.

Había dentro de mí un susurro, una llama pequeñita que me decía:

—**Aguanta. Solo un poco más.**

Porque, aunque nadie me conociera... **Dios sí sabía quién era yo.**

El modelo del engaño

Los días seguían pesados, como si el tiempo jugara en mi contra.

El hambre, la desesperación, el vacío de no encontrar un trabajo... todo me empujaba hacia la orilla de un abismo invisible.

Cada mañana me sentaba con el mismo ritual: el periódico viejo en las manos, buscando entre los anuncios clasificados alguna puerta abierta.

Cualquier puerta.

Y entonces... lo vi.

"Oportunidad de trabajo para modelar. No necesita experiencia."

Mis ojos se detuvieron.

Mi corazón dio un pequeño salto.

Parecía demasiado bueno para ser verdad.

Pero la desesperación puede ser un enemigo silencioso…

y ese día, me susurró al oído:

Inténtalo. No pierdes nada.

Tomé el teléfono público.

Mis manos temblaban mientras marcaba el número.

Del otro lado, la voz de un hombre sonó cálida, casi demasiado amable:

—Claro, ven. Estamos buscando chicas como tú. Te espero hoy mismo.

Me dio la dirección de un viejo edificio en el Bronx, sin dar muchos detalles.

—Es en el quinto piso, no hay elevador. Solo sube y toca la puerta 5B —agregó.

Colgué el teléfono con un nudo en el estómago.

Había algo que no terminaba de convencerme.

Pero mis pensamientos me repetían:

Es una oportunidad. Tal vez aquí comience tu salida.

Llegué frente al edificio.

Era viejo, oscuro, con paredes resquebrajadas y ventanas que parecían cerradas desde hacía años.

El portón crujió al empujarlo.

Dentro, el eco de mis pasos rebotaba por las escaleras vacías.

Cada escalón parecía pesar el doble mientras subía.

Primero el segundo piso. Luego el tercero. El cuarto. Hasta llegar al quinto.

Mi respiración estaba agitada cuando toqué la puerta.

Un hombre abrió.

Unos 40 años, cabello oscuro, barba espesa, y una sonrisa demasiado amplia.

—Pasa, por favor. Te estaba esperando —me dijo, con una voz suave, como si quisiera adormecer mis alertas.

Entré.

El lugar era un pequeño estudio, apenas iluminado.

Una silla, un escritorio con papeles desordenados, y un gran espejo cubierto por una cortina oscura.

El aire olía a humedad, como si las paredes guardaran secretos.

Me senté con nerviosismo.

Él comenzó a hablar:

—Eres perfecta... perfecta para esto.

Delgada, hermosa, con cuerpo de modelo.

No sabes la suerte que tienes de haber llamado.

Mientras hablaba, se acercó con una cinta métrica.

Empezó a tomar mis medidas: el busto, la cintura, la cadera... las piernas... incluso intentó medirme en zonas íntimas.

Una corriente helada recorrió mi columna.

Sentí la invasión. Sentí el peligro.

Pero intenté mantener la calma.

—**Quizás es parte del proceso,** me repetía para tranquilizarme.

Y entonces, vino el siguiente golpe.

—Necesito que te quites la ropa —me dijo, con esa misma sonrisa inquietante—. Es para tener tus medidas exactas. Es algo rutinario.

Mi garganta se cerró.

Las manos me sudaban.

Pero respondí firme:

—No es necesario. Usted puede medirme encima de la ropa.

Él vaciló un instante.

Pareció frustrado... pero accedió.

Luego, como si nada, me pidió que esperara mientras iba a hablar con su "socio".

Salió de la habitación, dejando la puerta cerrada.

Pasaron unos minutos eternos.

El silencio era opresivo.

Mi corazón golpeaba con fuerza desbocada.

¡BANG!

Un portazo sonó desde el pasillo.

Me puse de pie de un salto, temblando.

¿Había sido una trampa?

¿Me habían encerrado?

¿Qué estaba ocurriendo?

Un sudor frío me cubrió entera.

Mi mente gritaba:

"¡Corre! ¡Sal de aquí!"

Pero mis pies estaban clavados al suelo.

Entonces, allí, sola en esa sala oscura, cerré los ojos y oré desesperada:

—Señor... protégeme. Por favor, no me abandones.

En ese instante, sentí algo sobrenatural:

una calma repentina.

Una paz que descendió sobre mí, cubriéndome como un manto invisible.

La puerta se abrió de golpe.

Él regresó, ahora con otro semblante:

frío, calculador, directo.

—Mi socio no está interesado —dijo secamente—.

Pero... tengo otra propuesta para ti.

Se acercó unos pasos más, bajó el tono de voz, casi como si conspirara:

—Puedo ofrecerte un trabajo... diferente.

No es modelaje tradicional.

Es... actuación en películas para adultos.

Nada que temer.

No te tocarán. Solo quitarte la ropa.

Sentí un nudo en mi estómago.

Mi alma gritaba por dentro.

Pero mantuve la cara serena.

El miedo es astuto: te obliga a pensar con rapidez.

—Voy a pensarlo —le dije con firmeza—.

Le daré mi respuesta mañana.

Él estuvo de acuerdo, tal vez pensando que me tenía atrapada.

Pero en cuanto crucé la puerta de aquel lugar, no miré atrás.

Cuando salí al aire libre, el frío de la calle me golpeó como un abrazo de libertad.

Mi corazón latía a mil, pero mis pies caminaban firmes.

Sabía que había escapado de algo muy oscuro.

Muy peligroso.

Una vez más, Dios me había protegido.

Un refugio llamado incertidumbre: cuando tuve que pedir 5 centavos para comer

Después de tantas tormentas, mi alma necesitaba un respiro.

Pero no había dónde encontrarlo.

Sin saber ya a quién acudir, reuní el poco valor que me quedaba y llamé a mi hermana Carmen Juana por cobrar a Santo Domingo.

Su voz, aunque agitada, sonó como un bálsamo al otro lado de la línea:

—Voy a ver si consigo a alguien que te reciba, aunque sea por unos días —me prometió, con ese amor incondicional que solo una hermana conoce.

Ella habló con unos amigos de su esposo Luis, y gracias a esa llamada desesperada, se abrió una nueva puerta.

No sabía qué me esperaba.

No sabía si sería mejor o peor.

Pero al menos tendría un techo.

Por ahora.

El lugar: el apartamento de una pareja llamada José y Andrea.

Cuando llegué, el simple aspecto del edificio me estremeció.

Era un bloque viejo, encajado entre las calles frías de Brooklyn, cerca de la estación de New Lots.

El tren rugía cada cierto tiempo, como si fuera un testigo cansado del peso que cargaban las almas de ese barrio.

La fachada, blanca pero ya amarillenta, mostraba grietas como cicatrices abiertas.

Las ventanas, cubiertas por cortinas sucias, dejaban pasar apenas un hilo de luz.

El edificio no inspiraba ni confianza ni consuelo.

Pero, para mí, era un techo.

Un refugio... aunque fuera en medio de la incertidumbre.

Al entrar, el aire espeso me golpeó.

Olía a encierro, a humedad vieja, a abandono.

La sala era pequeñita.

El sofá, desgastado, cubierto de manchas de grasa y costuras reventadas, parecía gemir bajo el peso de los años.

Una mesa tambaleante, astillada, servía de centro.

Una televisión antigua, con la pantalla rayada y una antena colapsada, completaba la escena.

La cocina era aún más deprimente:

una nevera casi vacía, con la puerta floja;

una estufa con hornillas rotas;

un horno sucio, con restos de comida endurecida;

y un baño pequeño, donde el moho reclamaba cada esquina.

Me asignaron un cuartito al fondo, lleno de cajas, trastes viejos y un colchón viejo sobre el suelo.

Allí dormiría.

Allí intentaría reconstruir lo poco que quedaba de mi paz interior.

Pero la realidad era cruel.

Cucarachas que trepaban sin miedo.

Ratones que corrían como dueños de la casa.

Y el aire... siempre ese aire cargado de abandono.

Andrea, la mujer del apartamento, no era amable.

Desde el principio, me hizo sentir como un estorbo.

Sus ojos eran fríos, sus gestos secos.

Al principio, compartían algo de comida conmigo.

Pero pronto, incluso eso desapareció.

Las palabras fueron reemplazadas por el silencio.

La mesa por el vacío.

Y entonces... comenzó el hambre.

Mi estómago rugía como un animal herido.

Las piernas me temblaban.

La debilidad me vencía.

Pero más fuerte que el hambre era la vergüenza.

Una tarde, con los ojos húmedos y la voz temblorosa, salí a la calle.

Caminé hasta la estación de tren de New Lots, donde el bullicio escondía mi desesperación.

Me acerqué a un teléfono público, ese viejo poste oxidado al que me aferraba como último recurso.

Con el rostro encendido de vergüenza, comencé a hablar en voz baja a la gente que transitaba:

—Excuse me... can you please give me 5 cents to make a phone call?

Pero no era para llamar.

Era para reunir unas pocas monedas...

para comprar algo que calmara ese vacío que me quemaba por dentro.... Tenía hambre.

Cada palabra que salía de mi boca era un cuchillo en el alma.

Jamás había pedido nada.

Nunca en mi vida.

Siempre fui trabajadora.

Siempre fui digna.

Pero el hambre te arrastra a lugares donde el orgullo se quiebra.

El dolor de aquella humillación no tiene nombre.

Algunas personas me ignoraban, otras desviaban la mirada.

Algunos fingían no escuchar.

Muy pocos me ofrecían unas monedas.

Y cada vez que extendía la mano…

algo dentro de mí moría un poco más.

Mientras los trenes seguían su danza de hierro,

yo seguía luchando contra el orgullo,

contra la desesperación,

contra el vacío. Ese día, en medio de aquel andén olvidado de Brooklyn,

una pequeña adolescente, frágil, con su mochila azul al hombro, aprendió lo que es sostenerse solo de la fe.

Porque, aunque todos me ignoraran...

yo sabía que el cielo me veía.

Y mientras lloraba en silencio, el alma partida, pero la frente en alto,

le dije a Dios, casi susurrando:

—Señor... no permitas que me hunda aquí.

Muéveme. Sácame de este abismo cuando sea el momento. Quizás nadie lo notó, pero ese día... sobreviví una batalla más.

Una luz en el pasillo

Pasaron los días, las semanas...

y con ellas, también pasó un poco el silencio.

En medio de aquella rutina vacía, entre el ruido del tren, las paredes manchadas y los suspiros contenidos, una chispa de humanidad comenzó a encenderse.

La primera vez que la vi, sentí paz.

Fue algo que no se puede explicar con palabras,

como si su presencia llevara consigo una promesa silenciosa de que todo iba a estar bien.

Se llamaba **María**.

Era una vecina puertorriqueña de rostro amable, voz suave y ojos que sabían mirar más allá de las apariencias.

Tenía un acento dulce, arrastrado por las olas del Caribe,

y una forma de hablar que me acariciaba el alma, sobre todo cuando me decía:

—**Nena, ¿tú estás bien...? Siempre te veo tan solita...**

Sus palabras me hicieron bajar la mirada. Me tembló la voz. No pude responder.

Pero ella no preguntó más. No necesitaba hacerlo.

Simplemente se acercó con una sonrisa cálida y me dijo:

—**Ven, tengo un poquito de comida. Bendito... Si tienes hambre, come, nena.**

Y así comenzó.

Un plato un día.

Un pedacito de pan al día siguiente.

A veces arroz con habichuelas, a veces solo un café con tostadas.

Pero lo que más me alimentaba...

era su gesto.

Su corazón.

Su manera de mirarme como si yo importara.

No hablábamos mucho al principio.

Pero ella siempre cerraba nuestras breves conversaciones con la misma frase:

—**Dios te bendiga, nena. Y no te preocupes... siempre hay salida.**

Un día, mientras le fregaba los platos como forma de agradecerle la comida,

María me miró y me dijo:

—**Tú sabes, en la factoría donde yo trabajo, están buscando a alguien. Alguien que empaque botellas. No pagan mucho, pero es algo. Si quieres, te llevo mañana.**

Mis ojos se abrieron como si me acabaran de anunciar un milagro.

Una puerta.

Una esperanza.

—**¡Sí, por favor!** —le respondí, casi sin poder contener las lágrimas.

Esa noche casi no dormí.

Me acosté con el corazón latiendo rápido, como si la vida, por fin, estuviera regresando a mí.

No era el trabajo de mis sueños.

Pero era trabajo. Era dignidad.

Era una oportunidad que no pensaba desaprovechar.

Y todo gracias a ella.

A esa mujer sencilla, a esa vecina que se convirtió en **luz en medio de tanta oscuridad**.

A la mañana siguiente, con un abrigo prestado y los nervios apretándome el pecho,

fui con María hasta la oficina donde contrataban para la factoría.

El edificio tenía un aire frío, gris, como si ya supiera que los que entraban por allí llevaban el alma rota, pero la esperanza viva.

Cuando me llamaron para la entrevista, el gerente me miró de arriba a abajo.

Yo apenas podía sostenerle la mirada. Saqué fuerza de mi fe y dije:

—**Sé que me va a pedir papeles ... ¿podría darme unas horas? Prometo traer los documentos pronto. Solo necesito una oportunidad.**

No sé si fue por mi voz temblorosa, mis ojos llenos de verdad, o simplemente la mano de Dios tocando su corazón, pero ese hombre me miró unos segundos en silencio...

y luego lentamente me dijo:

—**Está bien. Puedes comenzar después de la escuela. Tráeme los papeles cuando los tengas.**

Sentí que el mundo giraba de nuevo para mí.

Que el tren de la esperanza, al fin, había parado en mi estación.

Mi tarea era simple:

recoger botellas que caían de la máquina y colocarlas en cajas, sin perder el ritmo.

El ruido era constante.

El ambiente, frío.

El olor a plástico recién formado me acompañaba cada tarde.

Mis manos se llenaban de marcas.

Mi cuerpo me dolía al llegar a casa.

Pero dentro de mí...

había una sonrisa silenciosa:

al fin podía ganarme algo por mí misma.

Cuando recibí mi primer sueldo, no lo dudé.

El primer dinero que gané fue para pagar una deuda moral.

Fui y le pagué a Dolores el dinero del pasaje a Nueva York que ella me había comprado.

No importaba lo que dijera la carta.

Yo sabía lo que era justo.

Ese día, al entregar el dinero exacto, no solo saldé una cuenta...

también pagué con gratitud.

Con dignidad.

Con honra.

Porque cuando uno cumple sus promesas,

aunque el mundo se haya olvidado de ellas...

Dios no lo olvida.

Cuando la factoría se volvió refugio

La poca estabilidad que había logrado comenzó a tambalearse de nuevo cuando Andrea, la mujer con la que me había estado quedando, me miró una tarde con frialdad y me dijo:

—Ya no puedes quedarte aquí más.

Esa frase cayó como un golpe seco en el pecho. No hubo explicaciones, ni un gesto de consuelo. Solo la certeza de que, una vez más, me quedaba sin techo.

Me quedé en silencio. Ya no había espacio para lágrimas.

Solo para decisiones.

Recordé que el gerente de la factoría me tenía cierta consideración, tal vez por mi dedicación o por la puntualidad con la que cumplía cada tarea. Reuniendo valor, me acerqué a él y le dije:

—Señor... necesito que me cambie el turno. ¿Puedo trabajar de noche?

Me miró en silencio unos segundos, como tratando de leer entre mis palabras. Luego me dijo:

—Está bien. Desde mañana entras de noche.

No preguntó por qué. Tal vez lo sospechaba. Tal vez sabía que, a veces, hay historias que uno no tiene fuerza para contar.

Y así, la factoría se convirtió en mi refugio nocturno.

Mientras otros salían a descansar, yo entraba a trabajar. Entre máquinas ruidosas, botellas que caían, cajas y silencio industrial, pasaba mis madrugadas. El trabajo se volvió rutina, pero también amparo.

Las luces blancas del turno nocturno eran frías y constantes. El ambiente se volvía más silencioso, más tenso. Se escuchaban los zumbidos de las máquinas, los estallidos de las

botellas alineándose, y el eco metálico de las cajas cerrándose. Yo trabajaba sin detenerme, con un ritmo automático que me ayudaba a no pensar demasiado en mi realidad.

En mis breves descansos, me refugiaba en un rincón entre cajas de cartón, cerraba los ojos y decía en mis pensamientos:

—Señor, sé Tú mi abrigo esta noche.

Cuando el turno terminaba al amanecer, salía a las calles frías sin saber adónde ir. Mi mochila azul era mi compañera fiel. Me subía al tren sin rumbo fijo y me bajaba en estaciones cualquiera, solo para matar el tiempo. Me sentaba en los bancos, miraba por la ventana, dormía a ratos, y oraba.

Esperaba las horas… hasta que llegara la noche de nuevo, para regresar a la factoría.

No tenía casa. No tenía cama. Tenía una rutina que me mantenía viva. Y una fe que, aunque herida, nunca murió.

Pero como todo lo incierto, esa temporada también tuvo su final.

Al cabo de un tiempo, el gerente de la oficina me llamó de nuevo. Me preguntó por los documentos que le había prometido. Yo solo bajé la mirada. Ya no tenía cómo justificar mi presencia allí. No podía continuar sin un permiso de trabajo.

Con el corazón oprimido y las manos vacías, me vi obligada a dejar el empleo. Me despedí sin quejas, sin llanto, solo con la tristeza que se lleva adentro y que pesa como un saco invisible sobre los hombros.

Antes de irme, miré una última vez la máquina donde había pasado tantas noches. Toqué la cinta transportadora como quien despide a un viejo amigo. En silencio, agradecí por cada día que me permitió sobrevivir.

Y así, una vez más, regresé a los trenes. Volví a dormir entre los vagones que iban de Brooklyn al Bronx, como una sombra que nadie notaba. Cada noche era una prueba. El frío, los extraños, los ruidos, el peligro latente.

Pero Dios... **Dios siempre estuvo ahí.**

Me cuidó de títeres, de gente mala, de violadores, de criminales.

Yo no tenía nada, pero tenía Su protección.

Y eso fue suficiente para seguir adelante.

Porque cuando el mundo no te da espacio,

Dios te abre alas.

Peligro oculto bajo un techo amable

Un día, mientras hablaba con mi familia en Santo Domingo, me dieron el número de unas personas que, para mi sorpresa, eran del mismo pueblo donde yo había nacido. Vivían precisamente en Brooklyn. En medio de tanta soledad, escuchar eso fue como si alguien hubiese encendido una luz en medio de la niebla.

Recordaba al esposo. Lo había visto desde pequeña en la iglesia. Era alguien familiar. Y su esposa, desde el primer momento, se mostró como una mujer amable, de corazón generoso. Hablé con ellos por teléfono y me respondieron con una voz alegre que me devolvió el aliento:

—Claro que sí, muchacha. Ven para acá, tenemos un cuartico. Aquí eres bienvenida.

La emoción me invadió. Después de tantos días vagando por trenes y estaciones, por fin había un lugar donde descansar la cabeza. Llegué a la casa con mi mochila azul y una sonrisa que apenas me cabía en el rostro. Me asignaron una habitación para mí sola. Tenía cama. Tenía techo. Tenía paz.

Por fin, la vida parecía sonreírme. La esposa me trataba con ternura, como si fuera una hija perdida. Me sentía acogida, cuidada, humana otra vez. Todo marchaba bien… hasta que la sombra comenzó a moverse dentro de aquel hogar.

El esposo, aquel hombre que había conocido desde mi niñez, empezó a comportarse de forma extraña. Al principio fueron comentarios sueltos:

—Tú eres muy especial

—Te mereces todo lo bueno...

Después, vinieron los regalos. Pequeños detalles que intentaban disfrazar intenciones más oscuras. Su sonrisa se volvió más inquietante. Y cuando su esposa salía a trabajar —porque él, sin razón aparente, no trabajaba— , el ambiente en la casa se volvía espeso, cargado de algo que no se podía ver... pero sí sentir.

Sus miradas eran largas. Sus silencios, inquietantes. Hasta que un día, sin rodeos, me lo dijo:

—Tú me gustas mucho...

Sentí que el piso se abría bajo mis pies. Era como si todo lo seguro se desmoronara de golpe. Me sentí sucia, traicionada, invadida. ¿Cómo podía alguien que me había visto crecer cruzar esa línea?

Pero justo cuando el miedo quiso paralizarme, el Espíritu de Dios se levantó dentro de mí.

Me alejé. Empecé a encerrarme en mi cuarto. Evitaba cualquier contacto con él. Cada paso que daba dentro de esa casa era una alerta. Vivía con el alma en un hilo. Y mientras tanto, le pedía al Señor una salida. Otra más.

Porque ese techo, que parecía amable, escondía un lobo disfrazado de cordero.

Y Dios, que nunca duerme, empezó a moverse otra vez.

Una tarde, conocí a una niña de mi edad en la misma calle. Se llamaba Lissette. Tenía una sonrisa traviesa y un corazón dulce. Nos hicimos amigas casi sin darnos cuenta. Ambas cargábamos heridas, aunque nunca las confesamos del todo.

Yo tenía una guitarra que, irónicamente, me había regalado el mismo hombre de la casa. Tocar unas notas me ayudaba a respirar. Un día, le propuse a Lissette:

—Si me prestas tu acta de nacimiento... te enseño a tocar guitarra.

Ella accedió sin pensarlo. Para nosotras era un intercambio inocente: música por un papel. Pero para mí, ese documento representaba algo más: la posibilidad de existir legalmente. De comenzar, de verdad. Jugábamos, reíamos, tocábamos canciones simples... por unas horas, el mundo era más liviano. Pero cuando regresaba a la casa... el infierno me esperaba.

El acoso empeoró. Su actitud era cada vez más descarada, más agresiva. Hasta que un día, intentó forzarme. Su cuerpo se acercó de manera amenazante, y yo sentí que me rompía por dentro.

Pero entonces, una voz poderosa salió de mí, una voz que venía del cielo:

—¡Si me tocas, te van a meter preso! ¡Todo el mundo se va a enterar! ¡No te atrevas a tocarme! Lo dije con autoridad, con una valentía que solo Dios pudo darme. Por dentro, temblaba. Pero por fuera, era un muro.

No podía quedarme ni un segundo más.

Tomé mi mochila azul. Recogí lo poco que tenía. Y salí corriendo. No miré atrás. No importaba dónde dormiría esa noche. Prefería la calle a una casa llena de sombras.

Y otra vez, el Señor me salvó. Me protegió del mal.

Porque cuando el enemigo prepara una trampa,

Dios siempre tiene lista una salida.

Al borde de la muerte... La iglesia de Bushwick

La noche cayó sobre Brooklyn como una cortina de hierro.

Caminaba sin rumbo por las calles de Bushwick, temblando de frío y de miedo.

Había salido corriendo de aquella casa, y ahora no tenía dónde dormir.

El cielo estaba nublado y empezaban a caer copos de nieve.

Con cada paso sentía que las fuerzas se me acababan.

Mi cuerpo estaba agotado, pero mi alma seguía buscando: un refugio, un rincón, algo... alguien... que me salvara.

Entonces vi la luz tenue de una iglesia.

El letrero decía: **"Culto de Oración – 7:00 PM"**.

Entré sin pensarlo.

Había bancas de madera, ventanas antiguas y una alfombra que olía a tiempo.

Me senté en silencio al fondo del templo, intentando pasar desapercibida, como si perteneciera allí.

Solo quería descansar unos minutos, sentir algo de calor humano, estar a salvo, aunque fuera por poco tiempo.

El servicio terminó.

Las personas comenzaron a salir.

Nadie notó que yo no me movía.

No hablé con nadie.

Me quedé allí, inmóvil, esperando que apagaran las luces.

El corazón me latía rápido, pero no sabía si era por miedo o por el frío.

Y así fue.

La última persona cerró la puerta.

El templo quedó en un silencio total, que parecía tragarse todo sonido.

Las luces se apagaron una a una.

Hasta el zumbido de la calefacción cesó.

Y el frío... el frío empezó a reclamar el lugar como suyo, colándose por cada rincón, cada rendija.

Me escondí en un clóset, abrazando mis rodillas, temblando.

No tenía un abrigo adecuado, solo la ropa del día.

La temperatura bajó de cero.

El aire era tan helado que mordía mi piel como miles de agujas.

Cada segundo era un suplicio, una prueba para mi cuerpo.

Mis manitas se congelaron.

Las orejas ardían como brasas.

Los pies parecían de piedra.

Ya casi no podía moverme.

El frío me estaba venciendo.

Sentía la sangre subirse de golpe a la cabeza.

El corazón latía tan lento que me daba miedo cerrar los ojos.

Me acurruqué, intentando generar calor con mi propio cuerpo, pero no servía de nada.

El viento aullaba afuera.

La nieve caía con fuerza.

Adentro, el silencio era aterrador.

No podía ver ni mis propias manos.

Era como estar sepultada en hielo.

Como si la muerte misma me abrazara.

Intenté orar, pero los labios me temblaban.

Sentía que el frío me paralizaba, como si poco a poco me fuera apagando.

Me imaginaba convertida en una estatua de hielo, sola, olvidada en un rincón de una iglesia vacía.

Mis pensamientos se mezclaban con imágenes de mi familia, el sol de Santo Domingo, el aroma del café por las mañanas...

Todo lo que había dejado atrás.

El dolor del frío era tan profundo que ya ni siquiera podía llorar.

Pensaba en mi madre, en mis hermanos, en el calor del hogar.

Quise gritar, pero el aliento se me cortaba.

Me sentía atrapada, impotente, condenada a morir sin que nadie supiera que yo estaba allí.

Nadie.

Nadie sabía que estaba escondida en esa iglesia.

Y entonces, justo cuando mi alma comenzaba a rendirse, **mi clamor llegó al cielo**:

—**¡Señor, sácame de esta frialdad! ¡No me dejes morir aquí!**

Y como una llama repentina que se enciende en la noche más oscura, **Él vino a mí**.

No puedo explicarlo con palabras, pero sentí Su presencia.

Fue como si una manta invisible me cubriera.

El frío seguía, pero dentro de mí se encendió algo: paz, esperanza, vida.

Era como si una mano celestial me dijera:

—**Resiste, hija. Ya viene la mañana.**

No morí esa noche.

No me congelé.

El Señor me sostuvo con Su mano invisible.

Y una vez más, cuando todo parecía perdido, **Dios demostró que nunca abandona a Sus hijos**.

Poco a poco, la oscuridad comenzó a retirarse.

Una luz tenue se filtró por las ventanas de la iglesia.

La noche había pasado.

Yo había sobrevivido.

Sentía que había vencido a la misma muerte.

Mis piernas, adormecidas, apenas respondían.

Con esfuerzo, me puse de pie.

Mis huesos crujieron como ramas secas.

Mis dedos estaban morados.

La ropa, húmeda por el aliento helado de la noche.

Aun así, **con cada paso hacia la puerta, sentía que regresaba a la vida.**

Como si renaciera, desde lo más profundo del abismo.

Empujé la pesada puerta del templo y salí.

El cielo, antes oscuro y amenazante, se había pintado de tonos rosados y anaranjados.

El sol comenzaba a asomarse, como si el mismo cielo me abrazara.

Las primeras luces del alba acariciaban mi rostro helado.

El aire seguía frío, pero ya no era enemigo.

Ahora era prueba de que **seguía viva**.

Mis pies, torpes y doloridos, caminaron por la acera mientras la ciudad despertaba.

La nieve crujía bajo mis pasos.

La vida, poco a poco, regresaba.

Salí a las calles de Nueva York como quien nace de nuevo.

A medida que caminaba por las calles de Brooklyn, el sol iluminaba los edificios y las aceras con tonos dorados y sombras suaves.

Mi cuerpo, que horas antes rozaba la hipotermia, recobraba el calor.

La sangre fluía por mis venas como un río descongelado.

Una presencia poderosa me había rescatado de la crudeza de esa noche invernal.

Pensé que me convertiría en una estadística... o peor, en un titular trágico:

"Adolescente muere congelada en iglesia vacía de Brooklyn."

Pensé que sería una más de esas historias que nadie recuerda.

Pero **Dios tenía otros planes.**

El mundo recuperaba su color, y yo, agradecida y humilde, caminaba sin rumbo fijo, sin techo, sin trabajo, sin comida...

pero segura de que **ese no sería el último día de mi vida.**

Era el comienzo de algo nuevo.

Había vivido la noche más larga de mi existencia.

Y ahora el sol era mi testigo de que **seguía en pie**.

La gente pasaba a mi lado, apurada, indiferente.

Nadie sabía por lo que yo había pasado.

Nadie imaginaba que esa jovencita, con la ropa arrugada y el paso lento, acababa de ser librada de la muerte.

Pero **yo lo sabía**. Y **Dios también**.

Había vuelto a nacer.

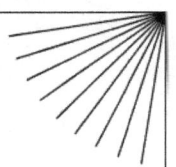

CAPÍTULO 7

Puerto Rico y el proceso
que forjó mi carácter
Tiempos difíciles, el cuarto sin cama,
arresto, injusticia,
traiciones

Ya mi cuerpo no podía más. Estaba exhausta. El alma también me pesaba, y el corazón se me había endurecido un poco, como un escudo ante tanto dolor. Había pasado hambre, frío, rechazo, abuso y abandono. Había dormido en trenes, llorado en estaciones, orado en rincones. Me había aferrado a mi fe con las pocas fuerzas que aún me sostenían.

Entonces, una vez más, Dios intervino.

Ya no podía continuar en Nueva York. El ciclo allí había terminado. Lo sentía en el aire, en mis pasos, en el fondo del alma. Y así, sin muchas explicaciones, se abrió una nueva puerta: Puerto Rico.

La decisión no fue planeada; fue una guía para vivir otro proceso. Algo dentro de mí me decía que ese era el próximo destino, aunque no sabía qué me esperaba allá. Pero ya no hacía demasiadas preguntas. Había aprendido a caminar por fe y no por vista. Sabía que el Señor no me había traído tan lejos para dejarme a mitad del camino.

Con lo poco que tenía, tomé un vuelo hacia esa isla caribeña, con el corazón herido pero lleno de esperanza. El avión despegó desde Nueva York, dejando atrás no solo una ciudad, sino un capítulo lleno de cicatrices, milagros y lecciones.

Puerto Rico me esperaba. No con flores ni brazos abiertos, pero sí con un nuevo proceso que también marcaría mi historia. Allí también tendría que luchar, sobrevivir y volver a comenzar.

Era otro desierto. Pero también, otra oportunidad para ver la mano de Dios obrar.

Puerto Rico me recibió con un sol distinto, con calles nuevas y un idioma familiar que sonaba diferente. Era otro mundo dentro del mismo idioma. Aun así, la sensación de soledad no se había ido, solo había cambiado de escenario.

Una tarde, después de recorrer calles con mi mochila azul al hombro —cargada de más esperanza que pertenencias—, llegué a una iglesia en Santurce. Era domingo. Aunque había llegado temprano, los servicios comenzaban en la noche. Me senté en una de las bancas del templo, observando las ventanas y escuchando el eco de mis pensamientos, mientras el sol comenzaba a inclinarse sobre el horizonte.

Esperé allí toda la tarde. Nadie sabía que estaba sola. Nadie imaginaba que no tenía dónde dormir. Pero yo sabía que

Dios lo sabía. Y eso me bastaba.

Poco a poco, las luces comenzaron a encenderse. Los hermanos y hermanas de la congregación fueron llegando, saludándose entre ellos, preparando el servicio. Entonces se acercó una pareja que llamó mi atención: él era mucho mayor, con cabello gris y mirada tranquila. Ella, joven y llena de energía. Se aproximaron con una sonrisa sincera.

Hola, Dios te bendiga. ¿Cuándo llegaste? ¿De dónde eres?

Les conté que acababa de llegar a Puerto Rico y que no tenía dónde quedarme. Me miraron, se miraron entre ellos, y sin dudarlo, la mujer exclamó:

—¡¿Qué?! No hay problema. Te vienes con nosotros. Esta noche te quedas en nuestra casa.

Me quedé paralizada. No lo podía creer. Una vez más, Dios usó a desconocidos para tenderme la mano justamente cuando más lo necesitaba.

Esa noche me llevaron a su hogar. Un lugar modesto, pero lleno de paz. Me ofrecieron comida, un techo, y sobre todo, palabras de consuelo. Sentí que la presencia de Dios me había guiado hasta esa banca, hasta ese instante, hasta esas personas.

Ya en confianza, me hablaron de una mujer de la iglesia,

una hermana dominicana que había levantado su propio pequeño negocio. Dijeron que quizá podría darme trabajo.

—Ella también vino de allá. Seguro te entiende. Mañana mismo hablaremos con ella —me aseguraron.

Y así, mientras caía la noche en una tierra desconocida, el cielo volvió a abrir una puerta.

Porque cuando uno cree que todo está perdido, Dios ya está preparando el siguiente capítulo.

Un comienzo inesperado

Esa misma semana, la pareja de esposos que me había abierto las puertas de su hogar me llevó a conocer a la señora dominicana de la iglesia. Era una mujer de carácter fuerte, mirada aguda y voz firme, pero con un corazón que, sorprendentemente, sabía abrirse cuando se trataba de ayudar. Me recibió en su casa como quien abre no solo una puerta, sino una nueva etapa de vida.

Lo primero que me preguntó fue:

—¿Cómo te llamas?

Y sin pensarlo mucho, respondí:

—Dígame Lissette.

No era mi nombre real, pero era el de una amiguita que había conocido en Nueva York. Una niña dulce con quien compartí tardes de guitarra, risas inocentes y un pedacito de esperanza. Me gustaba ese nombre. Sonaba a nuevo comienzo. A una versión de mí que podía nacer sin el peso de las cicatrices.

La señora estuvo de acuerdo y me dijo, sin rodeos:

—Bueno, Lissette, te voy a ayudar. Pero también vas a trabajar.

Me habló de una propiedad que tenía cerca, una especie de pensión que había dividido en varios cuartos y que alquilaba a personas necesitadas. Cada cuarto tenía acceso a baños compartidos y el ambiente era...tenso. No era acogedor, pero era útil. Era refugio.

Caminamos hasta allí. El edificio parecía cansado de tanto tiempo. Las paredes, descoloridas. Las puertas, oxidadas y quejumbrosas. Al llegar, abrió una de las puertas y me dijo:

—Esto es lo que vas a hacer. Limpiar los baños, barrer, trapear. Mantener esto en orden.

Me quedé en silencio. Sentí un nudo apretarse en mi garganta.

¡Yo nunca había hecho eso!

Nunca había limpiado un baño. No sabía cómo barrer bien. En mi infancia, nadie me había enseñado tareas domésticas. No era soberbia, era ignorancia.

Miré mis manos, temblorosas. El olor a cloro y desinfectante me golpeó como una bofetada de realidad. Entonces ella me puso en las manos un balde, un cepillo, un trapo y un galón de cloro.

No dije nada. Solo afirmé con la cabeza y tragué saliva. Sabía que esa era la puerta que se había abierto ante mí. No era la más bonita, ni la más fácil. Pero era **la que Dios me había puesto delante**.

Y si Él la había abierto...

También me enseñaría a cruzarla.

El peso del primer día

Aquel primer día de trabajo en la pensión fue como una bofetada directa al alma.

El sol apenas comenzaba a asomar tímidamente entre los techos, y ya yo estaba allí, cubeta en mano, arrodillada en el suelo helado de un baño que parecía haber sido olvidado por la limpieza desde hacía siglos. El olor a cloro, a encierro y a humedad vieja me golpeó como una ráfaga, haciéndome doler la cabeza y revolver el estómago. Pero allí estaba yo. Dispuesta a aprender. A obedecer. A empezar, aunque doliera.

Las instrucciones fueron claras. Lo que no quedó claro era cómo iba a resistir.

Mi cuerpo no estaba preparado.

Nunca había restregado una taza de baño, ni tallado paredes con tanta suciedad, ni trapeado un pasillo interminable de concreto sucio.

Cada movimiento era una guerra.

Mis manos, que habían sido suaves e inexpertas, comenzaron a abrirse en grietas ardientes. El cloro me quemaba la piel sin piedad. Las rodillas me dolían como si llevaran años golpeando el piso. Las coyunturas crujían como ramas secas al quebrarse. Y mis pies… mis pobres pies… sentían el peso del día como si cargaran piedras.

Las horas pasaban y parecía que nada avanzaba.

Limpiaba un baño… y otro ya estaba hecho un desastre.

Barría el pasillo… y el polvo se colaba de nuevo como si se burlara de mí.

Era como pelear contra un monstruo invisible que no quería ser vencido.

Las miradas de algunos inquilinos eran intimidantes.

Los murmullos, cuchillos silenciosos que me rozaban la dignidad.

Pero no levanté la vista. No buscaba compasión ni lástima.

Solo quería cumplir. Quería honrar a la señora dominicana que me había tendido la mano.

Y sobre todo... quería agradar a Dios, que me sostenía en secreto, mientras mis fuerzas se deshacían gota a gota.

Cuando cayó la tarde, y terminé la última limpieza, sentí que me desmayaba.

El cuerpo no me respondía.

Me dejé caer sobre un trapo viejo, en un rincón donde nadie me viera, y me abracé las piernas como si pudiera contener todo el temblor que tenía dentro.

Mis manos ardían.

Mis pies eran bloques de piedra.

Cada hueso dentro de mí parecía quejarse en silencio.

Y sin embargo...

me sentí viva.

Porque estaba luchando.

Porque no me había rendido.

Porque, aunque todo en mí gritaba "basta"...

yo había dicho "aquí estoy".

Ese día no solo limpié un baño.

Ese día comencé a limpiarme por dentro.

A arrancar la desesperanza de raíz.

A reconstruirme desde lo más sencillo, desde lo más bajo, desde lo más sagrado.

Ese fue...

el peso del primer día.

Y, también, el peso de mi renacimiento.

Rebeca y la trampa de la confianza

Los primeros días en casa de Rebeca fueron más llevaderos de lo que imaginé.

Ella se mostraba amable. Casi maternal.

Me ofrecía café por las mañanas, me preguntaba cómo había dormido, se sentaba conmigo mientras yo descansaba después de horas limpiando. Sus palabras, al principio, eran dulces como miel.

—Yo era una perdida —me dijo un día, con los ojos brillosos—, pero Dios me rescató. Y ahora, aquí estoy, con una familia que nunca soñé tener.

Sus confesiones me conmovieron profundamente.

Me hicieron bajar la guardia.

Pensé: *"Tal vez esta mujer sí sabe lo que es venir de la nada... lo que es resurgir de las cenizas."*

Y así, empecé a confiar. Empecé a sentir que, quizás, no estaba tan sola. Que esta mujer había sido enviada por Dios en medio de mi desierto.

Pero, con el tiempo, su dulzura comenzó a tener sabor a manipulación.

Sus palabras ya no solo edificaban mi ánimo... sino que tejían en silencio una red de dependencia.

Me hacía sentir que le debía algo.

Como si aquel techo, aquella comida, y aquel lugar donde yo trabajaba hasta quedar sin aliento... fueran un regalo que no podía cuestionar.

Me daba responsabilidades cada vez más pesadas.

Más horas. Más baños. Más esfuerzo.

Pero lo disfrazaba de oportunidad, como si me estuviera haciendo un favor.

—Mira cómo el Señor te abrió esta puerta, Lissette —decía, con una sonrisa tan amable como controladora—. Aquí estás segura, tienes un techo, comida... y hasta estás aprendiendo un oficio. Da gracias, porque no todo el mundo es tan bueno como yo.

Cada frase era una soga invisible que me apretaba un poco más el alma.

Cada vez que sonreía, sentía que mi libertad retrocedía un paso más.

Era como si me dijera sin decirlo: *"No te quejes. Me perteneces."*

Empecé a notar que, aunque hablaba de Dios y esperanza, no todo en su corazón era luz.

Había sombras escondidas tras cada palabra piadosa.

Y fue entonces cuando entendí el verdadero significado de su nombre.

Rebeca.

En hebreo, *trampa*.

Y sí... ella era una trampa disfrazada de refugio.

Una mujer que usaba el lenguaje de la fe como cadena.

Que hablaba de Dios para que uno no huyera.

Que ofrecía techo para tener poder.

Y usaba su pasado para endulzar el veneno.

Pero no lo vi al principio.

Aún tenía que vivir más cosas... aún tenía que doler más...

para ver su verdadero rostro.

Y así comenzaba otro proceso.

Otro desierto.

Uno más silencioso, más mental, pero igual de duro.

Y ahí, una vez más, Dios comenzaría a afinar mi discernimiento.

Para que pudiera ver, no con los ojos… sino con el espíritu.

La cuenta prometida

Pasaron los meses, y un día después de una jornada extenuante limpiando la pensión, Rebeca me llevó de regreso a su casa.

Esa noche, se mostró especialmente amable… casi demasiado.

Me sirvió la cena con una sonrisa serena, esa sonrisa suya que mezclaba ternura con algo que no lograba descifrar. Me miraba como si supiera algo que yo no sabía, como si ya tuviera el siguiente paso calculado.

—Mira, Lissette —me dijo mientras yo comía en silencio—. Aquí vas a ganar dinero. Lo que haces tiene valor. Mañana mismo te llevaré al banco. Te voy a abrir una cuenta para que empieces a ahorrar. Uno no puede trabajar así, sin guardar algo para el futuro.

La sorpresa me congeló unos segundos. No supe qué decir.

Después de tanto andar con los bolsillos vacíos, de dormir en estaciones, en trenes, en bancos duros con miedo en el pecho, escuchar que tendría mi propia cuenta... mi propio espacio donde guardar lo poco que ganara...

Fue como respirar por primera vez después de mucho tiempo bajo el agua.

—Gracias —le dije con sinceridad, casi con emoción en la voz.

—Tú tranquila. Confía en mí —respondió, con ese tono suave, casi calmado—. Aquí vas a estar bien. Todo se va a arreglar.

Esa noche me acosté con el cuerpo adolorido, pero con el corazón un poco más liviano.

Había algo en el ambiente... una sensación de que, tal vez, todo empezaría a cambiar. Que después de tanto desierto, por fin vendría una brisa de esperanza.

Pero ya había aprendido a no confiar tan rápido.

Había aprendido que, muchas veces,

lo que parece una bendición... lleva escondida una trampa.

La promesa de abrirme una cuenta,

de darme libertad financiera,

de enseñarme a crecer... no venía sola.

Llevaba consigo una intención velada.

Una intención que aún no veía, pero que pronto entendería.

Solo sabía que, al amanecer, iríamos al banco.

Y con ese paso... **quizás empezaría un nuevo capítulo.** Uno más.

Uno más en el largo camino de descubrir en quién realmente se puede confiar...

y de aprender que no todas las promesas vienen del cielo.

El amanecer de una promesa

Apenas el sol se asomó por el horizonte, sobre el cielo opaco de Santurce, Rebeca me llamó con urgencia.

—Levántate, Lissette. Vámonos al banco ahora que están abriendo —dijo con ese tono suyo, apresurado pero firme, como si tuviera el reloj del destino entre las manos.

Me vestí rápido, con el corazón latiendo como si ya supiera que aquel día marcaría un antes y un después.

Caminamos hasta una sucursal que quedaba a pocas cuadras de la casa.

El banco era sencillo, antiguo, con ventanas que acumulaban polvo y un eco mecánico de teclas que marcaban el ritmo del lugar como un latido controlado.

Nos sentamos frente a un escritorio.

Una empleada nos recibió con una sonrisa amable.

Pero fue Rebeca quien habló por mí.

Explicó que yo era joven, que recién comenzaba a trabajar con ella, y que quería ayudarme a abrir una cuenta para ahorrar lo poco que ganaba.

Yo apenas pronuncié palabra.

Aceptaba sumisamente.

No entendía de bancos ni de trámites, pero confiaba.

Confiaba en lo que me decían.

Confiaba en la voz firme de Rebeca, que parecía manejarlo todo con naturalidad.

Poco después, firmé los documentos.

Y me entregaron una pequeña libreta con mi nombre.

Mi nombre.

Rebeca me miró con una sonrisa que, en ese momento, me pareció sincera.

—Mira, ya tienes tu cuenta. Ahora todo lo que ganes, lo guardas aquí. Eso es progreso, Lissette —me dijo, como si me estuviera dando las llaves de un nuevo futuro.

Tomé la libreta con ambas manos.

La sostuve como si fuera un tesoro.

Como si dentro de ella pudiera caber toda la dignidad que el mundo me había negado.

Por un instante... sentí que algo en mi vida comenzaba a alinearse.

Pero no sabía que no todas las puertas que otros abren llevan a la libertad.

Ni que no todo lo que brilla viene de Dios.

Porque, aunque la cuenta estaba a mi nombre...

no todo lo que se guardaría allí, me pertenecería de verdad.

Ese amanecer trajo una promesa.

Pero también...

una advertencia silenciosa.

El precio de quedarse

Me quedé.

No porque quisiera, sino porque no tenía a dónde más ir.

Esa pensión, con su olor a desinfectante mezclado con humedad y resignación, era el único lugar donde podía dormir sin miedo... aunque no sin dolor.

Cada mañana, sin excepción, me levantaba antes que el sol.

Tomaba el cubo, los trapos y el galón de cloro, y comenzaba la rutina.

Limpiar. Fregar. Tallar. Volver a empezar.

Como si mi vida entera se hubiera reducido a eso: a eliminar la suciedad de otros... mientras la mía se acumulaba por dentro.

Al principio, Rebeca se mostraba cordial.

Pero no tardó en mostrar otra cara.

Comenzaron los gritos. Los regaños. Las humillaciones.

—¡Eso está mal hecho! ¿Tú no sabes limpiar? ¡Hazlo otra vez! ¡No me hagas perder el tiempo! —gritaba con una dureza que me desgarraba por dentro.

Y yo solo bajaba la cabeza.

Ni siquiera tenía fuerzas para defenderme.

Todo me dolía:

Las manos, rotas y resecas por el cloro.

Los pies, hinchados como si cargaran el mundo.

Las rodillas, las muñecas, los hombros...

cada parte de mí era un grito silencioso.

Pero lo que más dolía era el desprecio.

El sentirme invisible.

El sentir que, para ella, yo no era una persona, sino una herramienta.

Yo intentaba hacerlo bien. Me esforzaba.

Repetía las tareas una y otra vez,

limpiaba hasta que mi cuerpo se rendía.

Pero para Rebeca, nunca era suficiente.

Siempre encontraba algo mal. Siempre tenía un motivo para hacerme sentir torpe, inútil… indigna.

Y yo… era solo una niña.

Una adolescente sin experiencia, sin preparación, sin nadie que me enseñara.

Aprendía entre lágrimas y regaños.

Aprendía a punta de gritos.

Y, sin embargo, seguía.

Porque Rebeca me pagaba. Poco, sí. Pero algo.

Y con ese "algo", yo guardaba cada centavo en aquella cuenta del banco.

No tocaba ese dinero.

Lo protegía como un secreto sagrado.

Porque para mí, esa libreta no era solo papel y números.

Era un plan.

Un rayo de esperanza.

Fingía estar bien. Sonreía cuando debía.

Pero por dentro, sabía que ese lugar no era un hogar.

Era un refugio que tenía fecha de vencimiento.

Una estación de paso en medio de mi tormenta.

Aguanté.

Me callé.

Obedecí.

Pero dentro de mí...

algo estaba despertando.

Y aunque nadie lo notaba,

yo lo sabía:

No me iba a quedar allí para siempre.

Gritos en la pensión

Los días pasaban...

y yo seguía allí.

Levantándome muy temprano, caminando hasta la propiedad de Rebeca con el cuerpo adolorido y los ojos hinchados de tanto cansancio acumulado.

Tomaba mi cubo, los trapos, el galón de cloro, y comenzaba la jornada.

No eran tareas sencillas.

Había que limpiar baños usados por desconocidos, fregar pisos que parecían nunca estar limpios, cargar cubetas llenas de agua con los brazos temblando.

Y yo apenas era una niña.

Una adolescente aprendiendo a la fuerza.

Una que venía de otro mundo, de uno donde la responsabilidad adulta todavía era un misterio.

Pero ya no había tiempo para inocencias. Aquí solo había trabajo. Agotamiento. Y gritos.

Rebeca, que al principio se había mostrado amable, empezó a transformarse.

—¡Eso no se hace así!

—¿Es que no sabes hacer nada?

— ¡Vuelve a limpiar! ¡Hazlo otra vez!

Su voz tronaba como un látigo en medio del pasillo.

Y cada palabra suya era un golpe que no dejaba marcas, pero sí heridas.

Me gritaba delante de los demás, como si yo no tuviera valor, como si fuera un objeto que fallaba constantemente.

Yo agachaba la cabeza.

No por sumisión… sino por agotamiento.

Porque ya no tenía fuerzas para explicar lo que no sabía.

Que nadie me había enseñado a limpiar pisos, a dejar brillantes los baños, a que todo "reluciera" como ella quería.

Mis manos se llenaron de grietas.

Los dedos se me pusieron rojos, tiesos.

Cada coyuntura dolía como si el cuerpo entero estuviera envejeciendo de golpe.

Y por las noches, me acostaba con el alma rota.

Pero, al día siguiente, me volvía a levantar.

No porque no doliera.

Sino porque no tenía otra opción.

Me quedaba porque Rebeca me pagaba.

Poco, sí. Muy poco.

Pero yo lo guardaba todo.

Cada dólar lo atesoraba como si fuera un diamante escondido.

No tocaba ese dinero.

Era mi esperanza.

Mi plan silencioso.

Mi boleto invisible hacia otra vida.

Me quedé con ella un tiempo.

Porque no tenía a dónde ir.

Porque esa casa, aunque fría, tenía techo.

Porque esa voz, aunque dura, iba acompañada de un pago que me permitía soñar en secreto.

No sabía cuánto más podría soportar.

Pero una cosa sí sabía...

No me iba a rendir.

Y aunque los gritos intentaban romperme por fuera,

algo comenzaba a hacerse fuerte por dentro.

El arresto injusto

Era sábado.

Y desperté con un nudo en el pecho.

Una tristeza espesa me abrazaba por dentro como una sábana húmeda.

Ese día me consumía la nostalgia, extrañaba a mi mamá, a mi papá, a las risas de mis hermanos.

Tenía la garganta apretada, el alma sensible, el corazón frágil.

Ese día me pagaron.

No era mucho, pero era **mío**.

Fruto de mis manos partidas.

De mis pies hinchados.

De mis madrugadas calladas llenas de cloro y fatiga.

Era la recompensa silenciosa de seguir, sin que nadie aplaudiera.

Salí rumbo al banco con los ojos aún húmedos.

Iba a depositar lo poco que tenía, como cada vez.

Era mi rutina sagrada.

Mi pequeño acto de fe.

El sol brillaba fuerte sobre Santurce.

Pero dentro de mí… todo estaba nublado.

Esperaba en la fila.

Sobre en mano.

Veía a la gente hablar, reír, hacer planes.

Yo solo quería guardar ese dinero.

Mi pequeño logro.

Mi semilla.

Y entonces...

el mundo se detuvo.

Dos policías entraron.

Sus pasos cortaron el aire.

Me miraron. Directo. Sin vacilar.

Uno de ellos habló con voz de piedra:

—**Tú. Ven con nosotros.**

Me paralicé.

—¿Qué pasa? —pregunté, temblando—.

¿Por qué me arrestan? ¡Yo no he hecho nada!

El corazón me golpeaba el pecho con furia.

Uno de ellos me arrancó el sobre de las manos.

Así, sin cuidado. Sin compasión.

—**Por este dinero.**

Me sentí desnuda.

Despojada.

Avergonzada.

Como si mi dignidad hubiera sido tirada al suelo.

—¡Ese dinero es mío! ¡Yo trabajé por él! ¡Me lo pagaron hoy! ¡No he robado nada! —grité con la voz rota por el llanto.

Pero no me escuchaban.

No querían escucharme.

No querían ver a la niña temblando frente a ellos.

Solo veían el sobre.

Solo veían sospecha.

No vieron mis cicatrices.

No vieron mis noches sin dormir.

No vieron mi historia.

Me esposaron.

Ahí mismo.

En público.

Como si fuera una criminal.

Como si mi vida no valiera.

Como si yo no fuera nada.

La gente miraba.

Algunos cuchicheaban.

Otros se daban la vuelta.

Yo estaba allí, expuesta, humillada, rota.

La cara me chorreaba de lágrimas.

Mi corazón se hacía pedazos.

Las manos... vacías.

En mi mente solo había un clamor:

¡Dios mío, no permitas esto!

¿Dónde estaba la justicia?

¿Dónde el respeto por una niña que solo quería sobrevivir?

Me llevaron.

Y el dinero...

el fruto de mis lágrimas, de mis rodillas desgastadas...

se quedó con ellos.

En ese instante, algo dentro de mí se rompió.

Pero, también, **algo se encendió.**

Porque, aunque el mundo me diera la espalda...

yo sabía que Dios no lo haría.

Porque yo sabía quién era.

Y Él también.

Señalada en la multitud

Justo cuando creía que ya no podía ser peor...

entre la multitud apareció **ella**.

Rebeca.

La mujer que me dio techo.

La que decía que Dios la había rescatado.

La que me gritaba por no dejar los baños brillando.

La que me hablaba de fe mientras me ataba con miedo.

Ahora...

me señalaba con el dedo.

Con los ojos llenos de furia.

Con la voz cargada de veneno.

Gritando para que todos escucharan:

—¡Esa es! ¡Esa niña es una ladrona! ¡Me robó ese dinero!

Y el mundo...

se me vino abajo.

No entendía.

No podía reaccionar.

Todo se volvió borroso.

—¡No es verdad! ¡Ese dinero me lo pagaste por limpiar tu propiedad! —grité con la voz quebrada, con el alma temblando.

Pero ya nadie me escuchaba.

Los policías

sin revisar,

sin investigar;

sin dudar,

solo repitieron:

—**Vamos. Te lo has robado.**

—**¡No he robado nada! ¡Yo lo gané trabajando!**
—suplicaba.

Pero era como gritar bajo el agua.

Como si mis palabras no valieran.

Como si yo no valiera.

Me esposaron ahí mismo.

En medio del banco.

Frente a todos.

Las muñecas me ardían.

El rostro me hervía de vergüenza.

Y el corazón...

se me desplomó dentro del pecho.

Todos me creyeron culpable solo porque ella lo dijo.

Rebeca seguía gritando,

clavándome cada palabra como un puñal:

—**¡Llévensela! ¡Yo la recogí de la calle y así me paga! ¡Robándome!**

—**¡Mentira!** —alcancé a decir entre dientes, con lágrimas mezcladas con rabia—.

¡Tú sabes que eso no es cierto!

Pero nadie me defendía. Nadie.

Me empujaron.

Los pies apenas me respondían.

Las esposas me apretaban la piel,

pero lo que más dolía...

era el silencio de los inocentes.

Me llevaban por la calle, esposada,

mientras la multitud nos seguía.

Unos murmuraban. Otros reían.

Yo solo lloraba.

Una niña.

Con las manos atadas.

Con el alma rota.

Acusada falsamente.

Expuesta como si fuera un monstruo.

No sabía si gritar o callar.

Si correr o rendirme.

Pero dentro de mí, mientras arrastraba los pies,

mientras las miradas me atravesaban como cuchillos,

una frase se repetía como un aliento cálido:

"Dios sabe la verdad."

Cómo llevar la cruz

Me llevaban por la calle...

esposada.

Como si fuera una criminal.

Como si el peso de una mentira pudiera borrar mi verdad.

Mis pies tropezaban.

El aire me faltaba.

La vergüenza me asfixiaba.

Pero lo más cruel...

no eran las esposas.

No eran los empujones.

No eran los gritos de los policías.

Era **la multitud.**

Esa multitud que no me conocía,

que no sabía mi historia,

que no había visto mis rodillas en el suelo ni mis manos agrietadas.

Pero igual me seguía...

como si fuera un espectáculo.

Todos me miraban.

Con esos ojos que no preguntan,

que no dudan,

que solo **juzgan.**

Y yo lloraba.

Lloraba como nunca.

Con una herida que no sangraba por fuera,

pero que me desgarraba por dentro.

Gritaba con la voz hecha pedazos:

—¡Por favor! ¡Yo no hice nada! ¡Suéltenme! ¡Déjenme ir!

Pero era como gritar en medio de una tormenta.

Mis palabras se perdían en el viento.

Nadie me escuchaba.

Y entonces...

en medio de aquel infierno,

una imagen se dibujó en mi mente:

Jesús.

Cargando su cruz.

Caminando por las calles.

Escoltado por soldados.

Seguido por una multitud ciega, burlona, sedienta de escándalo.

Así me sentía yo.

Una niña rota.

Arrastrada por la calle.

Señalada, condenada...

pero inocente.

Y aunque mis lágrimas no se detenían,

aunque mi cuerpo temblaba,

desde lo más profundo de mi alma

brotó una oración:

—**Señor... tú sabes que no robé. Tú sabes que soy inocente. No me abandones.**

Era **la procesión más humillante de mi vida.**

Pero no caminaba sola.

Lo supe. Lo sentí.

Alguien me miraba desde lo alto.

Alguien caminaba a mi lado.

Alguien que también fue humillado.

Que también fue acusado falsamente.

Que también fue arrastrado por calles que no lo merecían.

La vergüenza. La desesperación. El dolor.

Todo me atravesaba como cuchillas.

Y, sin embargo, no me caí.

Porque aún esposada,

aún rodeada de odio,

aún rota por fuera...

seguía creyendo.

Y esa fe,

esa llama...

no la pudo apagar **ni la multitud, ni la injusticia, ni la humillación.**

El puñal final

Cuando por fin llegamos a la estación de policía... **yo ya no tenía fuerzas.**

Estaba empapada en lágrimas.

El cuerpo me temblaba,

no por el frío...

sino por el miedo.

Por la impotencia.

Por la vergüenza de ser tratada como algo sin valor.

Como una presencia incómoda.

Como un error.

Pero, lo peor, **aún estaba por venir.**

Rebeca se acercó con paso firme.

Y de su bolso, como quien saca un arma,

sacó mi pasaporte.

Mi identidad. Mi nombre. Mi historia. Mi origen.

Ese cuadernito rojo que decía quién era yo...

y de dónde venía.

Y junto con él, entregó también mi acta de nacimiento.

Toda mi existencia, condensada en dos papeles.

Los puso en manos de los oficiales.

Y con una frialdad que me heló hasta el alma, dijo:

—Miren... ella es dominicana. No tiene papeles. Depórtenla.

Fue como si me clavaran un cuchillo en el pecho.

Y luego... lo giraran con desprecio.

La miré. Buscando un poco de misericordia.

Un atisbo de humanidad.

Pero no vi compasión.

Vi traición. Vi maldad.

Vi frialdad disfrazada de justicia.

—¿Por qué haces esto? —pregunté con un hilo de voz.

—**¡Yo trabajé para ti! ¡No robé nada! ¡Tú lo sabes!**

Pero ella...

se dio la vuelta.

Como si yo no fuera nada.

Como si todo lo que hice por ella no valiera ni el aire que respiraba.

Como si yo fuera **basura.**

Ese fue **el puñal final.**

No bastaba con acusarme.

Ahora quería **borrarme.**

Expulsarme.

Sacarme del mapa como si nunca hubiera existido.

Los oficiales miraban mis papeles.

Hablaban en voz baja entre ellos.

Me observaban como si fuera un problema...

no una persona.

Y ahí estaba yo.

Una niña adolescente.

Sin casa. Sin justicia. Sin defensa.

Sin un solo rostro familiar que hablara por mí.

A punto de ser deportada...

por la palabra cruel de una mujer

que decía temer a Dios,

pero que usaba su voz como arma.

En ese momento, solo pude hacer una cosa.

Lo único que me quedaba.

Orar.

—Señor... por favor... que esta no sea mi última página. No permitas que este sea el final.

Porque, en el fondo de mi alma, aún sabía que no había terminado.

Yo todavía tenía vida que vivir.

Batallas que ganar.

Historias que escribir.

Y aunque quisieran borrarme...

Dios no lo permitiría.

El cuarto sin cama

Me arrojaron en un cuarto vacío,

como quien lanza algo que ya no sirve.

No había cama.

No había cobija.

No había dignidad.

Solo cuatro paredes sucias,

una luz blanca que zumbaba como un lamento,

y un aire tan denso,

que parecía que hasta respirar era un acto de rebeldía.

Me senté en el suelo, abrazando mis piernas,

como si pudiera protegerme del mundo...

como si aún me quedara algo mío.

No cerré los ojos en toda la noche.

El cansancio era una losa sobre mi cuerpo...

pero el alma,

el alma estaba despierta, rota, temblando.

Me dolía todo.

Pero más que el cuerpo...

me dolía existir así.

En ese silencio aplastante,

en esa soledad que gritaba más que mil voces,

me dejé caer de rodillas.

No me importó si alguien me veía.

No me importó el piso sucio.

No me importó nada.

Solo quería hablar con Dios.

Mi único refugio.

Mi único testigo.

Mi única esperanza.

Con el rostro pegado al suelo y la voz hecha pedazos, oré:

—Señor...

no tengo a nadie.

Me han quitado la libertad, el nombre, la dignidad...

pero Tú me conoces.

Tú sabes que no soy una ladrona.

Tú viste cada lágrima, cada noche sin dormir,

cada baño que limpié.

Ten misericordia de mí.

Y entonces... ocurrió.

No fue un ruido.

No fue una voz humana.

Fue **algo que se encendió dentro de mí**,

como una chispa sagrada,

como un susurro que estremecía hasta los huesos.

—No tengas miedo.

Yo te voy a sacar de aquí.

No lo imaginé.

No fue producto del cansancio.

Lo sentí. Lo escuché. Lo supe.

Era Él. Hablándome. Sosteniéndome.

Y aunque seguía en ese cuarto sin cama,

aunque mis muñecas aún ardían por las esposas,

aunque no tenía idea de lo que vendría…

esa promesa fue suficiente.

Porque si Dios había hablado,

entonces no importaban las rejas,

ni los papeles que me querían arrebatar,

ni el suelo sucio que me recibía.

Él me iba a sacar de allí.

Y con eso...

aunque no dormí,

descansé.

La justicia del cielo

El día había sido largo.

Interminable.

El reloj parecía haberse detenido junto con mi aliento.

Aún había sombras rondando mi corazón,

pero dentro de mí

ardía una certeza que no podía ser apagada:

—**No tengas miedo.**

Yo te voy a sacar de aquí.

Y así fue.

Cuando el sol comenzaba a esconderse detrás de los edificios de Santurce,

llegaron los oficiales de inmigración.

Sus pasos eran distintos.

No eran como los de esa mañana.

No venían con gritos ni cadenas.

Venían con otro aire...

con otro espíritu.

Uno de ellos me llamó por mi nombre.

Mi nombre real.

No "ladrona", no "sospechosa", no "nadie".

Me llamó como quien reconoce a una persona.

Como quien mira con humanidad.

Me condujeron a una sala pequeña.

Sin barrotes.

Sin insultos.

Solo preguntas.

Solo atención.

Me entrevistaron.

Revisaron papeles.

Me escucharon.

Y por primera vez en mucho tiempo,

yo hablé con voz temblorosa, pero con verdad firme.

Les conté mi historia.

Les dije quién era.

Les hablé del trabajo, de las manos agrietadas,

del pago que nunca llegó a mi bolsillo,

de la acusación injusta,

y del puñal disfrazado de ayuda que fue Rebeca.

Y entonces... ocurrió.

Uno de ellos se acercó.

Tomó mis manos.

Y soltó las esposas.

Ese "clic" metálico,

ese sonido seco,

fue música celestial para mi alma.

La oficial me miró a los ojos con seriedad y dulzura y dijo:

—Puedes irte.

No gritó.

No me empujó.

Me liberó.

Sentí que mi alma entera suspiraba.

Como si hubiera estado conteniendo el aire desde hacía días.

Como si por fin pudiera respirar sin miedo.

Pero eso no fue todo.

Me explicaron que Rebeca enfrentaría consecuencias.

Cargos por falsedad, por manipulación, por entregar documentos que no le pertenecían.

Dios no solo me liberó.

Dios hizo justicia.

Porque el cielo no olvida.

Y cuando la tierra te cierra la puerta,

el cielo abre una ventana con autoridad.

Salí de la estación con los ojos nublados por las lágrimas.

No tenía un hogar.

No sabía cuál sería mi siguiente techo.

Pero tenía algo mucho más grande:

Mi nombre.

Mi dignidad.

Mi libertad.

Y la certeza absoluta de que el cielo me había defendido.

Yo no era invisible.

Yo no estaba sola.

Dios había hablado.

Y **Dios había cumplido.**

El regreso con dignidad

Apenas recuperé mi libertad,

lo primero que quise hacer fue volver a quienes me recibieron con amor

cuando llegué a Puerto Rico:

Guillermo y Laura,

la pareja de la iglesia en Santurce

que un día me abrió las puertas sin conocerme,

cuando yo no tenía nada.

Llamé.

Mi voz temblaba.

Les conté todo.

Cada lágrima.

Cada injusticia.

Cada humillación.

Cada golpe silencioso que había llevado por dentro.

Cuando terminé,

lo que escuché al otro lado del teléfono

me hizo llorar otra vez...

pero esta vez, de alivio.

—Perdónanos, Nuriss...

no sabíamos.

Nunca imaginamos que Rebeca era así.

No solo me creyeron.

Se sintieron responsables.

Y **actuaron**.

Con un amor que solo nace del corazón de Dios,

Guillermo y Laura me compraron un pasaje de regreso a Nueva York.

No me lo ofrecieron como un favor...

sino como una restitución.

Como un acto de justicia divina.

Cuando tuve ese boleto en la mano,

lo miré como si fuera un símbolo del cielo.

No era solo un pasaje.

Era una declaración escrita por Dios mismo:

Te levanté.

Te defendí.

Te restituí.

Sigue caminando. Yo voy contigo.

El día del vuelo, me despedí de Puerto Rico con el alma partida en dos.

Esta isla me vio llorar.

Me vio caer.

Me vio limpiar baños con las manos partidas.

Dormir sin descanso.

Luchar sin fuerzas.

Ser acusada, humillada y señalada...

Pero también fue el lugar donde Dios me habló.

Donde me defendió.

Donde algunos corazones sí fueron verdaderos ángeles en mi camino.

Con los ojos llenos de lágrimas, subí al avión.

No me fui con rencor.

Me fui con lecciones.

Con cicatrices, sí...

pero también con una fe más fuerte.

Más madura.

Más viva.

Porque a pesar de todo lo vivido,

Dios seguía escribiendo mi historia.

Y yo sabía, desde lo más profundo de mi ser...

que aún quedaban muchas páginas por llenar.

Alas hacia un nuevo comienzo

El avión despegó...

y con él, mis pensamientos.

Volaba de regreso a Nueva York,

pero en realidad,

regresaba a la vida.

La mochila azul seguía siendo la misma,

pero la niña que la cargaba...

ya no era igual.

Ahora llevaba dentro cicatrices invisibles,

marcas de una guerra silenciosa que había sobrevivido.

Y también **una fe más profunda,**

más firme,

más probada.

El motor del avión rugía,

pero mi alma estaba en silencio, reflexiva.

Miraba por la ventanilla

y no podía evitar recordar todo lo que dejaba atrás:

las lágrimas,

la traición,

la celda sin cama...

Pero también la voz que me dijo:

No tengas miedo.

Llegué al aeropuerto de Nueva York

con el corazón latiendo fuerte.

No sabía lo que me esperaba,

pero **sabía que Dios ya estaba allí esperándome.**

Mis padres, desde Santo Domingo,

habían hecho todo lo posible por ayudarme a encontrar un nuevo refugio.

Hablaron con Pedro,

un hermano de la iglesia de mi papá,

quien tenía familia en Nueva York.

Y así fue como llegué

a los brazos de Tino y su esposa Ruthy.

Ellos me recibieron como si ya me conocieran,

como si supieran que yo no solo llegaba con una maleta,

sino con una historia que merecía un nuevo comienzo.

Sus rostros irradiaban paz.

Su hogar, aunque humilde,

tenía algo que me había hecho tanta falta:

calor humano.

—Bienvenida, mi hija.

Esta es tu casa, me dijo Ruthy con una sonrisa

que me quebró por dentro...pero de alivio.

No necesitaba lujos.

Solo necesitaba un lugar

donde no me gritaran,

donde pudiera dormir sin miedo,

donde pudiera comenzar a sanar.

Y lo encontré. **Dios había cumplido Su palabra...**

otra vez.

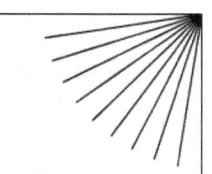

CAPÍTULO 8

El refugio que sanó mis heridas, nuevas conexiones

CAPÍTULO 8

un viaje que sana me lleva a
nuevas conexiones

La primera vez que puse un pie en la casa de Tino y Ruthy, en Queens,

me encontré en un espacio de gran tranquilidad...

No era una casa... era un refugio.

Una lámpara suave derramaba su luz sobre las paredes cubiertas de sombras cálidas,

las cortinas florales bailaban con la brisa,

y el aire estaba cargado de algo que hacía tanto no sentía:

olor a hogar.

A comida recién hecha.

A esperanza cocinada con amor y paciencia.

Me quedé quieta, muda,

absorbiendo esa sensación que tanto había anhelado: **Seguridad.**

Tino, dominicano de alma abierta y sonrisa de sol,

me estrechó la mano con tanta fuerza,

que sentí como si estuviera recogiendo los pedazos rotos de mi alma

y ayudándome a volver a ser.

—¡Aquí estás en tu casa, mi niña! —dijo,

y su risa fue como una cascada de alivio que lo llenó todo.

Detrás de él, Ruthy, su esposa puertorriqueña,

con esa dulzura que atraviesa muros,

me miró como si me conociera desde siempre.

—"Ven, siéntate... debes tener hambre," —me dijo.

Entonces vi la mesa.

Un festín que parecía salido de una celebración divina:

arroz, habichuelas, carne, plátanos maduros...

pero lo más poderoso no estaba en los platos,

sino en el gesto.

Nadie me había esperado así.

Nadie me había recibido así.

No como una carga... sino como una persona venida del cielo.

También estaban sus hijos en la mesa,

pequeños, curiosos, tiernos.

Sus ojos no juzgaban.

Sus ojos decían: "estás a salvo."

Y mientras comía, mis lágrimas se mezclaban con los sabores.

No por tristeza.

Sino por la emoción de sentir, por primera vez en tanto tiempo...

que estaba a salvo.

—Bienvenida a nuestra casa, Nuriss.

La voz de Ruthy fue como una canción de cuna.

Suave. Sincera. Agradable.

Y entonces me abrazó.

Sin prisa. Sin protocolo.

Solo con el alma.

Al principio me quedé inmóvil, sorprendida.

No estaba acostumbrada a gestos así.

Mi cuerpo dudó...

pero mi alma lo necesitaba tanto,

que, en segundos, mis brazos se alzaron solos...

y la abracé de vuelta.

En ese instante, algo se rompió dentro de mí.

Y al mismo tiempo... **comenzó a sanar.**

Una "bienvenida"

y un abrazo de una mujer que no me conocía...

me devolvieron la parte del alma que pensé perdida.

Después de las estaciones, los trenes, las noches frías, los engaños,

y aquella celda sin cama...

ese momento fue una llama encendida en medio del hielo.

Allí estaba yo,

en un hogar ajeno,

a miles de kilómetros de mis padres, de mi tierra, de mi infancia...

Y por primera vez en mucho tiempo,

no me sentía sola. Las paredes de esa casa no eran lujosas.

Pero las personas que vivían en ella...

eran inmensamente ricas.

Ricas en bondad. En fe. En compasión.

Y yo, que cargaba más cicatrices que pertenencias,

comencé a sentir algo que creía perdido:

esperanza.

Días de paz, oración y reencuentros

Los días se convirtieron en semanas.

Y las semanas, en meses.

Sin darme cuenta, mi alma empezó a respirar más lento, más profundo, más en paz.

Vivía con Tino y Ruthy como una más de su familia.

Estudiaba con esfuerzo. Trabajaba con dignidad.

Y cada domingo, nuestras mañanas comenzaban con algo más que desayuno: comenzaban con **oración**.

Antes de salir hacia la iglesia *Bay Ridge Christian Center*,

nos sentábamos en la mesa —con tazas de café humeante y pan tostado—

y uníamos nuestras manos, nuestras voces y nuestros corazones.

—Señor, gracias por la provisión. Gracias por el techo. Y gracias por el nuevo comienzo de Nuriss.

Así oraba Tino, siempre con el alma en cada palabra.

Y mientras orábamos,

yo lloraba en silencio,

porque sabía que estaba presenciando el cumplimiento

de promesas que un día solo eran susurros en el frío.

Pero la mayor sorpresa llegó un domingo cualquiera,

cuando saliendo del templo, escuché una voz que me estremeció:

—¡Nuriss!

Era una voz familiar... con el acento de mi infancia.

Era Doris.

La hermana de Tino.

Mi amiguita del barrio, de aquellos días lejanos en Santo Domingo,

cuando jugábamos en la calle con piedras, risas

y la inocencia aún pegada a la piel.

Nos abrazamos como si el tiempo no hubiese pasado.

Ella no podía creer que era yo,

la misma niña con la que una vez compartió meriendas y secretos en el patio.

Ese reencuentro fue un regalo.

Una muestra más de que, aunque la vida da vueltas impredecibles,

Dios guarda cada detalle.

Incluso los abrazos que quedaron inconclusos en la niñez.

Y así, entre oración, trabajo, estudio y reencuentros,

comencé a reconstruir algo más que una vida:

comencé a reconstruir mi fe en las personas... y en mí.

Una amiga para el alma

Después de tantas noches sin cobija,

de trenes fríos y cuartos prestados,

de gritos, traiciones y silencios que dolían más que los golpes...

Dios me regaló una amiga.

No una conocida.

No una compañera de paso.

Una verdadera amiga.

Doris, la hermana de Tino,

aquella niña que un día jugaba conmigo en Santo Domingo,

entre piedras, flores y cuentos inventados,

se convirtió en mi confidente,

mi refugio,

mi risa compartida.

Desde el día en que nos reencontramos en la iglesia,

nuestro lazo se volvió inquebrantable.

Hablábamos casi todos los días.

Nos contábamos todo.

Salíamos a pasear,

a caminar sin rumbo,

a mirar vitrinas y soñar despiertas

con futuros que ahora sí parecían posibles.

Con ella, la vida recobraba color.

Las tardes grises se volvían doradas.

Las memorias dolorosas encontraban un lugar seguro donde ser contadas,

sin juicio, solo con amor.

Me escuchaba sin interrumpirme.

Me abrazaba sin que tuviera que pedirlo.

Y muchas veces, lloraba conmigo… sin necesidad de palabras.

Era como si el cielo, al ver mis heridas más profundas,

hubiera enviado a Doris como una venda tibia,

como una caricia sobre el alma rota.

No vino a borrar mi pasado,

sino a enseñarme a caminar con él…

sin que me pesara tanto.

Por primera vez desde que llegué a Estados Unidos,

me sentía acompañada en la tierra,

no solo por Dios,

sino por alguien tangible.

Real.

Presente.

Y eso, para una niña marcada por la soledad,

fue un **milagro del tamaño de un abrazo.**

Palabras que se quedaron

Hay personas que hablan...

y hay otras cuyas palabras se quedan a vivir en tu alma.

Tino era de esas almas sabias,

que no necesitaban levantar la voz para hacer retumbar el corazón.

Su voz era calma.

Era como agua mansa que corre sobre piedra viva...

como si cada palabra suya hubiera sido orada antes de nacer.

Una tarde cualquiera,

mientras lavaba los platos después de la cena,

se acercó a mí con esa mirada suya de padre y amigo.

Me habló con ternura...

pero sus palabras tenían el peso de lo eterno:

—Nuriss, cada día que vivimos es un regalo del Señor.

No importa cuán oscuro parezca el camino...

Dios siempre está presente.

Me quedé inmóvil.

Con las manos mojadas.

El alma encendida.

Y el corazón temblando.

Porque esas no eran solo palabras bonitas.

Eran una confirmación celestial.

Un suspiro del alma me recordaba quién había estado conmigo

en cada noche sin cama,

en cada tren sin destino,

en cada lágrima sin consuelo.

Recordé la voz en aquella celda tenebrosa:

—**No tengas miedo. Yo te voy a sacar de aquí.**

Y entendí.

Cada día, incluso los más grises,

incluso los más rotos,

habían sido regalos disfrazados de tormenta.

Porque en cada uno de ellos,

Él estuvo.

Y ahora, que la brisa de la esperanza empezaba a soplar,

esas palabras de Tino quedaron escritas en mi espíritu.

Como un escudo.

Como una melodía de fe.

Como una promesa que el alma recita en silencio cuando todo tiembla:

Dios está presente siempre.

¿Cuál es mi propósito?

Era una tarde de verano,

de esas en las que el sol no solo calienta la piel,

sino también el alma.

Ayudaba a Ruthy con los quehaceres del hogar.

Barríamos, sacudíamos, y entre risa y risa,

la casa se llenaba de algo más que limpieza...

se llenaba de confianza.

Las ventanas abiertas dejaban entrar el aroma de los árboles y el murmullo lejano de la ciudad.

La radio sonaba bajito, con un himno suave de fondo.

Todo parecía en calma...

hasta que ella, con esa dulzura que solo las madres del alma saben tener,

me lanzó una pregunta que me desarmó por dentro:

—Nuriss, **a veces la vida nos lleva por caminos que no esperábamos,**

pero Dios siempre tiene un propósito.

¿Has descubierto el tuyo aquí en Nueva York?

Me quedé en silencio.

No por miedo... sino porque quería responder con el alma.

Con verdad.

Miré por la ventana.

Vi los edificios.

La gente que pasaba.

Los carros.

El cielo.

Vi mi historia reflejada en cada esquina.

Y entonces, respiré hondo… y respondí:

—Creo que estoy aquí para aprender, para crecer…

y para sacar adelante a mi familia.

No sé cuál es el plan completo de Dios,

pero estoy dispuesta a seguirlo.

Ruthy me miró con ternura.

No dijo nada.

Solo sonrió.

Una sonrisa que lo decía todo.

Porque ella sabía, como yo,

que no hace falta entenderlo todo…

basta con tener el corazón dispuesto.

Y en ese instante,

en una casa sencilla,

en una tarde cualquiera,

descubrí que **el propósito no siempre llega con ruido.**

A veces llega en voz bajita,

entre escobas, himnos suaves y oración.

Y empieza con una decisión simple:

seguir caminando.

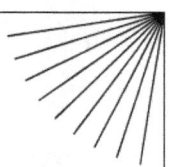

CAPÍTULO 9

Enfrentar el dolor
y dar el primer paso
El espejo del dolor, mudanza,
primera independencia

Los años transcurrieron...

como hojas que caen una tras otra sin pedir permiso.

Y sin darme cuenta, la niña de la mochila azul ya sabía sostenerse sola.

Estudié. Trabajé.

Me levanté cada mañana con propósito,

y poco a poco, lo que un día fue *sobrevivir*

comenzó a parecerse a *vivir*.

Tino y Ruthy me lo habían dado todo:

su casa, su mesa, su cariño, su tiempo...

y más importante aún: su confianza.

Pero llegó el día en que mis alas comenzaron a pesar más que el nido.

—Tino... Ruthy... gracias por todo.

Creo que ya es momento de buscar mi propio lugar.

Lo dije con la voz temblorosa.

No por miedo.

Por gratitud.

Tino, con su mirada firme, movió su cabeza.

—Eso quiere decir que ya estás lista.

Y aunque no lo dijo, sé que estaba orgulloso.

Ruthy me abrazó fuerte,

como quien sabe que su abrazo no es un adiós,

sino una bendición.

Así fue como empecé a trabajar más horas, a ahorrar,

y finalmente, pude pagar la renta de un cuarto propio.

No era un apartamento lujoso,

ni una zona elegante,

pero era *mío*.

Un pequeño espacio con una cama sencilla,

una ventana por donde entraba el sol de la mañana,

y una puerta que se abría con una llave... *mi* propia llave.

Esa llave representaba más que una cerradura:

era la entrada a mi nueva vida.

La primera noche, me senté en el borde de la cama,

miré el techo y oré:

—Señor, estoy sola... pero no estoy sola. Gracias.

Y me dormí en paz.

Con la certeza de que, después de tanto camino,

ahora era yo quien comenzaba a escribir mis propias páginas.

El primer día que cerré la puerta de mi nuevo cuarto,

el eco del silencio me abrazó más fuerte que cualquier ruido del pasado.

Estaba sola.

Verdaderamente sola.

No había voces de fondo,

ni risas de niños,

ni el aroma de la comida casera de Ruthy llenando la casa.

Era mi espacio, mi techo... y mi desafío.

Las paredes estaban desnudas,

y los muebles eran básico:

una cama sencilla, una mesita de noche, y una silla.

Pero para mí, era un palacio.

Había llegado hasta allí con cicatrices... pero también con alas.

Y aunque el miedo todavía me visitaba por las noches,

la sensación de haberlo logrado me envolvía como una manta invisible.

Los primeros días fueron difíciles.

Tuve que aprender a cocinar sola —y quemé más de un arroz—,

a organizarme con el dinero justo,

a lavar mi ropa, a administrarme...

y, sobre todo, a dormir sin nadie más en casa.

A veces lloraba.

Otras veces me reía sola.

Y muchas veces, oraba en voz alta, solo para escuchar mi propia fe diciéndome:

—Lo estás haciendo bien.

Mi cuarto era pequeño,

pero mi gratitud era inmensa.

Recuerdo mirar por la ventana cada mañana y decirle al Señor:

—Gracias por este nuevo día.

Aunque no lo merezco, aquí estoy. Guíame."

Y de alguna manera,

cada día llegaba con una respuesta, una provisión, una pequeña victoria.

Vivir sola no era fácil, pero era liberador.

Porque por primera vez,

yo no estaba en casa ajena,

ni en estaciones de tren,

ni en iglesias oscuras buscando techo.

Estaba en *mi* propio pedacito de mundo.

Y aunque era chiquito,

cargaba la dignidad de una vida

que Dios estaba reconstruyendo con amor.

El espejo del dolor

Recuerdo claramente esa etapa.

Las noches eran más largas.

Y los días, aunque llenos de trabajo, cargaban un silencio que dolía.

Había momentos en los que, sin pensarlo, me detenía frente al espejo.

Y allí estaba yo...

Una versión de mí misma que no sabía si reconocer o consolar.

No podía sostener la mirada a mi propio reflejo.

No porque no me gustara lo que veía...

sino porque lo que sentía por dentro era demasiado profundo.

Cada vez que me miraba,

las lágrimas brotaban sin pedir permiso.

Como si el alma dijera:

Te extraño, mamá... te extraño, papá... los necesito.

Era un llanto suave, silencioso,

que nacía no sólo de la ausencia física,

sino de todo lo que una niña no debería cargar sola.

A veces me hablaba al espejo.

Otras, simplemente bajaba la cabeza.

No había palabras que pudieran llenar el vacío.

Pero, aun así, me quedaba allí...

porque sabía que, aunque dolía, también estaba sanando.

Esa tristeza no era debilidad.

Era humanidad.

Y en medio del llanto,

en esos momentos en que el cuarto se volvía un santuario de lágrimas,

yo sentía que Dios me abrazaba.

Sin decir nada.

Solo estando ahí.

El espejo me mostraba a una muchacha con ojeras,

con los ojos rojos,

pero con una llama que no se apagaba:

una sobreviviente.

Una hija que seguía adelante,

aunque el corazón se partiera en mil pedazos.

La Navidad más silenciosa

Las semanas se convirtieron en meses.

Y mi vida en Brooklyn, en el sector de Richmond, se llenaba de rutinas nuevas, de trabajo duro, de días fríos y noches largas.

Pero llegó diciembre.

Y con él... una tristeza que no sabía cómo explicar.

Las calles brillaban con luces de colores.

Las tiendas mostraban árboles decorados en las vitrinas y familias sonriendo.

La música navideña sonaba en cada rincón,

pero para mí, era solo ruido.

No había regalos.

No había abrazos.

No había cena.

No había nadie.

Era mi primera Navidad completamente sola.

Recuerdo mirar por la ventana esa noche,

viendo caer la nieve en silencio,

y sintiendo que ese silencio se parecía mucho al que yo cargaba por dentro.

No encendí luces.

No hice cena.

Solo me senté en la cama, con las piernas cruzadas,

y lloré.

Lloré por mi madre.

Por mi padre.

Por mis hermanos.

Por los años que se habían ido.

Por la niña que había soñado con una vida distinta.

Y cuando el reloj marcó la medianoche,

abracé mi almohada y en voz baja eleve una oración:

—*"Feliz Navidad, Señor... aunque mi corazón esté partido."*

Días después, llegó el 31 de diciembre.

El mundo celebraba.

Los fuegos artificiales iluminaban el cielo.

Los vecinos reían, brindaban, bailaban...

y yo estaba otra vez sola.

No tenía fuerzas para fingir alegría.

Me tapé con una sábana, como si eso pudiera protegerme del vacío...

y despedí el año en completo silencio.

Sin fiesta.

Sin abrazos.

Solo con Dios.

Y aunque dolía profundamente,

sabía que Él lo estaba viendo todo.

Que contaba cada lágrima,

que entendía cada suspiro...

y que esa noche oscura

también formaba parte de mi historia.

Una historia que, aunque rota,

seguía avanzando.

Porque **mi esperanza no dependía del calendario...**

sino de un Dios que jamás me dejó.

Luces en la lluvia

Era una noche lluviosa.

De esas en que el cielo llora,

y tú ya no necesitas hacerlo.

Me senté junto a la ventana del cuarto que ahora —sí— llamaba hogar.

La lluvia golpeaba suavemente el cristal,

y más allá del vidrio empañado,

las luces de la ciudad parpadeaban como estrellas cansadas.

Brooklyn seguía siendo la misma: ruidosa, apurada, caótica...

pero yo ya no era la misma.

Me había transformado.

No por suerte,

sino por fe.

La ciudad que una vez me había recibido con trenes fríos y puertas cerradas,

hoy brillaba para mí como una promesa viva.

Una señal de que sí, los milagros suceden...

solo que a veces llegan en forma de lucha.

Y ahí, con la frente apoyada contra el vidrio y el corazón latiendo en calma,

comencé a dar gracias.

Gracias por Tino y Ruthy, por haber sido mis columnas cuando todo se caía.

Gracias por Doris, la amiga que me devolvió las risas.

Gracias por cada iglesia, cada oración, cada cama prestada...

y hasta por los trenes fríos,

porque allí también Dios estuvo.

"Gracias, Señor," clamé.

"Por no soltarme. Por no dejar que el dolor me apagara.

Por transformarme a través del fuego."

Y mientras la lluvia seguía cayendo,

me di cuenta de algo hermoso:

No solo sobreviví.

Florecí.

En la ciudad que parecía hecha de acero y concreto,

mi corazón, frágil y fuerte a la vez,

se había convertido en un faro silencioso.

Y en esa noche sin estrellas,

Dios me recordó que yo también brillaba.

Con esa certeza,

con esa paz que no se explica,

me sumergí en un sueño reparador.

Ya no había miedo.

Ya no había ruido en mi alma.

Solo la suave melodía de una esperanza renovada.

Porque **entendí que no importaba cuán dura hubiese sido la jornada,**

ni cuán fuerte hubiera llovido sobre mi historia...

Dios aún estaba escribiendo.

Y lo mejor, aún no se había revelado.

Me acomodé bajo la manta, cerré los ojos,

y mientras el murmullo de la lluvia se mezclaba con mi respiración tranquila,

dije:

—Mañana será otro día.

Y dormí en paz,

como duerme una guerrera que por fin entiende

que el propósito no se detiene...

solo avanza.

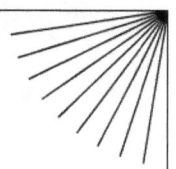

CAPÍTULO 10

Agustín y la promesa del hogar

Habían pasado algunos años desde aquellas noches en trenes fríos,

desde los días en que pedía monedas frente a un teléfono público.

Mi vida ya tenía un ritmo, una estabilidad que había costado lágrimas,

pero que sabía a victoria.

Fue entonces cuando recibí una carta de Santo Domingo.

Mi madre, con su voz dulce y emocionada, me dijo:

—Nuriss, tu primo Agustín irá para Nueva York. Va a buscar apartamento y quizás puedan compartir techo.

La idea me llenó de emociones.

No conocía a Agustín personalmente,

pero la posibilidad de tener a alguien de mi sangre cerca,

en medio de esta ciudad inmensa y a veces tan impersonal...

me ilusionaba.

Imaginé cenas en familia, conversaciones de pueblo,

y la calidez de sentirme "en casa", aunque estuviera tan lejos de ella.

El día de su llegada lo esperé con esperanza.

Nos saludamos con cortesía, con ese afecto nervioso de dos personas que comparten apellido, pero no historia.

Todo parecía ir bien.

Los primeros días fueron tranquilos.

Conversábamos. Reíamos.

Compartíamos anécdotas de nuestra familia,

y poco a poco, fui creyendo que esta nueva etapa podría ser algo bueno.

Pero pronto...

muy pronto, empezaron a asomar señales.

Pequeñas cosas al principio.

Cambios de humor.

Actitudes que no entendía.

Palabras con doble filo.

Una tensión que se colaba en el aire sin permiso,

como si algo no estuviera bien... aunque aún no podía nombrarlo.

Y fue entonces que entendí:

no toda sangre garantiza seguridad.

No todo vínculo asegura protección.

El capítulo de Agustín apenas comenzaba,

y yo, sin saberlo,

estaba a punto de enfrentar una tormenta distinta...

una que venía desde adentro.

Agustín me llevó a vivir con él,

a lo que llamó "nuestro apartamento"...

pero lo que encontré no era lo que se había prometido.

Un cuarto.

Dentro de una casa vieja.

Ubicada en la Calle 53 y Segunda Avenida,

en el corazón de Sunset Park, Brooklyn,

muy cerca de Bay Ridge —la zona donde alguna vez encontré abrigo en oración—.

Era un pequeño estudio,

más bien una esquina cerrada con paredes,

lejos de ser el "apartamento digno" del que mi madre había oído hablar.

Aun así, yo me dije:

"No importa, mientras estemos bien… mientras haya respeto y podamos avanzar."

Pero el equilibrio duró poco.

Yo trabajaba todos los días.

Ocho horas, a veces más.

Salía temprano, regresaba tarde,

con los pies hinchados y la espalda cansada,

pero con la esperanza de que ese esfuerzo construiría algo mejor.

Él no trabajaba.

No buscaba trabajo.

No tenía intenciones.

La carga del alquiler, la comida, la limpieza...

todo cayó sobre mí.

Yo era la que llenaba la nevera.

La que pagaba la renta.

La que encendía la estufa para que hubiese algo caliente en la mesa.

Y aunque al principio lo hice por amor familiar,

por obediencia,

por ese instinto de cuidar a los míos...

pronto empecé a darme cuenta de algo doloroso:

Él no estaba aquí para construir.

Solo estaba aquí para recibir.

Y yo, como una tonta y sin saber qué hacer,

me encontré sosteniendo a alguien más...

mientras a mí nadie me sostenía.

Pero había algo que Agustín no sabía:

yo ya no era la niña de antes.

Ya no era aquella que dormía llorando.

Ahora sabía ver las señales.

Y aunque todavía no tenía claro cómo terminaría todo,

en mi interior ya sabía que esta historia con él

no tenía buen camino.

La Noche en que Tuve que Correr

El tiempo pasó,

y lo que parecía ser un refugio familiar

empezó a convertirse en una celda invisible.

Agustín...

ese primo que llegó con promesas y sonrisas,

fue mostrando poco a poco lo que realmente había traído consigo:

abuso disfrazado de cercanía.

Ya no se escondía tras gestos educados.

Sus palabras se volvieron más duras.

Su mirada, más turbia.

Y su presencia...

más asfixiante.

Él no quería una prima.

Quería aprovecharse de una niña sola en un país extraño.

Yo lo notaba en cómo me miraba,

en cómo se acercaba más de la cuenta,

en los comentarios que soltaba como si fueran bromas...

pero no lo eran.

Hasta que una noche...

todo cambió.

Era tarde.

Llovía afuera, como si el cielo quisiera advertirme de algo.

Agustín entró al cuarto con otra mirada,

una mirada que me erizó la piel.

Y antes de que pudiera decir palabra,

lo entendí todo.

Quería forzarme.

Quería arrebatarme algo que no le pertenecía.

Quería hacerme daño.

Mi corazón se salió del pecho.

El alma me gritaba: **¡Corre!**

Y eso hice.

Corrí.

Corrí como si el infierno me persiguiera.

Corrí sin saber adónde,

pero sabiendo que no podía quedarme ni un segundo más.

Salí a la calle bajo la lluvia.

Descalza.

Empapada.

Temblando de frío... y de miedo.

Pero **viva**.

Con cada paso que daba,

sentía que Dios me decía:

—Yo estoy contigo.

Yo no te voy a dejar caer.

No miré atrás.

No me detuve.

Corrí hasta que el cuerpo no me respondió más...

pero mi espíritu no se rindió.

Esa noche no fue solo una huida.

Fue una **liberación**.

Fue la voz de Dios sacándome del lobo disfrazado de pariente.

Fue mi alma diciendo: **¡Aquí no me destruyes!**

Y aunque el cuerpo estaba agotado,

y la lluvia me abrazaba con su tristeza,

yo supe, entre sollozos,

que esa no era una noche de derrota...

era una **noche de valentía.**

Pasaron los días.

Y con cada amanecer, mi alma sanaba un poco más.

El miedo seguía ahí, como una sombra.

Pero también tenía la certeza de que yo no había nacido para vivir con miedo.

Yo no me iba a quedar callada.

Yo no iba a seguir siendo víctima.

Yo ya no era aquella niña indefensa.

Ahora, **tenía voz**. Y la iba a usar.

Con firmeza —y temblor en las piernas, sí, pero con fuego en el corazón—

me enfrenté a Agustín.

Lo miré a los ojos, sin bajar la cabeza esta vez.

Y le dije:

—"Si vuelves a acercarte a mí con intenciones sucias, te llamo la policía.

Y esta vez, no corro... esta vez te enfrentas con la ley."

Él no dijo nada.

La cobardía le robó las palabras.

Recogió sus cosas, y se fue.

Se fue con la misma sombra con la que había llegado.

Y por primera vez en mucho tiempo...

respiré.

La habitación se sintió diferente.

Ya no era un rincón de miedo.

Era **mi lugar**.

Mi espacio.

Mi territorio recuperado.

Seguí viviendo allí, sola.

Pero no como antes.

Ahora, el silencio ya no me oprimía.

Me protegía.

Ahora, las paredes ya no eran testigos del peligro…

eran testigos de mi **fortaleza**.

Me volví a mirar al espejo.

Y esta vez, no lloré.

Sonreí.

Porque vi a una mujer que no se dejó romper.

Y entendí que…

a veces, levantar la voz,

es el primer paso para volver a levantar el alma.

Reconstruyendo mi vida

Después de que Agustín se fue,

el aire cambió.

Era como si el cuarto respirara conmigo,

como si las paredes ya no guardaran secretos, sino libertad.

Volver a quedarme sola,

después de tanto,

no fue sin miedo… pero fue con fuerza.

Poco a poco, empecé a reconstruirme.

Fui limpiando mi entorno,

pero también mi interior.

Sacaba cosas que no necesitaba.

Cambié la cama de lugar.

Abrí la ventana más seguido.

Y empecé a escribir pensamientos en una libreta vieja…

una forma de contarle a mi alma que estaba a salvo.

Busqué trabajo.

Volví a estudiar por las noches.

Y con cada paso, aunque pequeño,

me sentía renaciendo.

Ya no dependía de nadie.

Solo de Dios… y de mi determinación.

Volvía tarde del trabajo,

pero ya no con tristeza,

sino con el cansancio digno

de quien se está levantando con dignidad.

Empecé a rodearme de nuevas personas,

gente sana, real, buena.

La vida comenzaba a recompensarme con almas que no me herían,

sino que me impulsaban.

Los domingos volví a congregarme,

a cantar con lágrimas distintas...

no de dolor, sino de agradecimiento.

Mi fe, lejos de apagarse, se volvió más profunda.

Más real. Más viva.

Miraba atrás con respeto,

sin tormento.

Sabía que no podía cambiar lo que había vivido,

pero sí podía elegir qué construir desde ahí.

Y eso hice.

Día tras día.

Con pasos temblorosos pero firmes.

Con el corazón aún herido,

pero decidido.

Y un día, sin darme cuenta...

dejé de sobrevivir. Y comencé a vivir.

Vivía en un vecindario donde el humo lo envolvía todo.

Pero no era incienso, ni el vapor de una comida caliente…

era marihuana. Drogas.

Desesperanza disfrazada de diversión.

Los jóvenes que me rodeaban estaban inmersos en un mundo oscuro,

uno que para ellos era costumbre… y para mí, era alarma.

Las risas eran forzadas.

Las conversaciones siempre entrecortadas,

como si sus pensamientos ya no les pertenecieran.

Yo no encajaba. Ni quería hacerlo.

Recuerdo mirar desde la ventana y verlos reunidos,

fumando en las esquinas,

pasando bolsitas de mano en mano…

y yo en silencio, orando, pidiéndole al Señor que me mantuviera firme, apartada.

En medio de ese ambiente nublado,

había una luz que me guiaba cada semana:

la iglesia Emmanuel.

Estaba ubicada en la calle 55, no muy lejos de donde vivía.

Y aunque el vecindario a veces parecía más una trampa que un hogar,

mi caminata hasta el templo era mi escape.

Mi cita con la presencia de Dios.

Caminaba sola, pero nunca me sentía sola.

El Señor iba conmigo. Paso a paso. Calle tras calle.

La iglesia era pequeña,

pero al cruzar sus puertas, sentía una paz que no encontraba en ningún otro lugar.

Allí no había humo,

había alabanza.

No había ruido,

había dirección.

Cada culto el Señor me ministraba y me decía:

No te contamines.

No te detengas.

Tú fuiste separada.

Mientras muchos se perdían,

yo me encontraba.

Mientras muchos caían,

yo me aferraba.

Y aunque era joven,

aunque estaba sola,

aunque las tentaciones estaban a la vuelta de cada esquina…

yo sabía quién era.

Sabía a quién le pertenecía.

Sabía que mi vida no terminaría en una esquina fumando…

sino en lo alto, proclamando.

Sumergida en Su presencia

Era un domingo distinto,

un día que el cielo ya tenía escrito en sus páginas.

La iglesia Emmanuel, allí en la calle 55,

vibraba con un fuego suave,

como si los ángeles ya estuvieran tomando posición.

Tenía ese aire de expectativa que se respira cuando Dios tiene algo preparado.

Ese día, yo no solo iba a la iglesia como siempre...

iba a entregarme por completo.

Iba a ser bautizada.

Yo iba a morir...

para volver a nacer.

No era una muerte de cuerpo,

era una muerte de heridas, de temores, de pasados rotos...

y el nacimiento de algo nuevo, puro, fuerte.

Un alma lavada, sellada, apartada para Dios.

Yo no sabía si tenía palabras para expresar todo lo que estaba sintiendo...

pero mi espíritu ya lo estaba diciendo todo:

Aquí estoy, Señor.

Toda tuya.

El templo se llenó de cánticos,

y sentí que el cielo estaba atento.

Los cánticos parecían tocar fibras invisibles dentro de mí,

y cada palabra que salía del altar caía como confirmación.

Cuando me llamaron para pasar al frente,

las piernas me temblaban.

Era un paso eterno.

Un pacto sellado en agua...

pero escrito en fuego celestial.

Mis manos temblaban.

Mi alma ardía.

Una fuerza me invadió.

Sentí fuego en mis huesos.

Lloré.

Temblé.

Me quebré...

pero no de tristeza, sino de entrega.

Los hermanos cantaban,

el pastor oraba,

y yo...

yo renacía.

Ese fue el día en que Dios me dijo:

—*Tú eres mía.*

Y desde hoy, caminas en autoridad.

Y entonces ocurrió algo que jamás olvidaré:

El suelo del altar comenzó a abrirse.

Como si fuera un secreto guardado bajo tierra,

una piscina emergió desde lo profundo del piso.

Una pila bautismal que no estaba siempre visible,

sino que se revelaba solo para momentos santos.

Como si el mismo cielo bajara en forma de agua.

Era pequeña, discreta,

pero en ella cabía la gloria del Dios vivo.

Subí, con el corazón latiendo como un tambor de guerra y adoración.

No había vuelta atrás.

Ese era mi momento.

Me sumergieron.

El agua me envolvió como un manto.

Y al hundirme,

sentí cómo todo lo viejo se soltaba.

Todo lo sucio, todo lo roto,

todo lo que alguna vez dolió…

se quedó allá abajo.

Y cuando salí,

salí distinta.

No mojada,

sino ungida.

La iglesia aplaudía.

Los hermanos lloraban.

Y yo...

yo simplemente sentí el cielo dentro de mí.

El lugar,

la gente,

el momento...

todo había sido preparado con propósito.

Esa piscina escondida...

me recordaba que **a veces lo más sagrado está en lo que otros no ven.**

Y que lo que Dios ha reservado para ti,

ni la vida, ni el enemigo, ni el dolor... te lo pueden quitar.

Salí de allí bañada en gloria.

Sellada en fuego.

Y desde entonces...

no fui la misma jamás.

Después de aquel día,

algo dentro de mí cambió para siempre.

Ya no se trataba sólo de sobrevivir.

Ahora caminaba con la conciencia de que había sido sellada, apartada, elegida.

Mi rutina seguía, sí...

trabajo, tareas del hogar, los mismos trenes, las mismas calles de Brooklyn...

pero ya no era la misma mujer que caminaba por ellas.

El miedo ya no tenía el mismo control sobre mí.

El pasado no tenía el mismo peso.

Y la soledad... esa vieja sombra, ya no podía tocarme.

Cada mañana me levantaba con una oración en los labios,

y con una fuerza que no venía de mí,

sino de Aquel que me había sacado del agua para encenderme con fuego.

Volví a la iglesia Emmanuel con más compromiso.

Me uní a las reuniones semanales, a los cultos de oración.

Comencé a servir en lo que podía,

aunque fuese ordenando sillas o ayudando con los jóvenes.

Algo en mí anhelaba más.

Más de Su presencia.

Más de Su voluntad.

Más de Su voz.

Y no pasó mucho tiempo antes de que eso sucediera...

Una noche, en una vigilia de oración,

el Espíritu de Dios se derramó con una fuerza indescriptible.

Las manos se alzaban.

Los corazones se quebraban.

Y yo...

yo fui llena.

Llena como una copa rebosando aceite.

Comencé a hablar en lenguas,

mis rodillas temblaban y caí de rodillas en el altar.

Era fuego.

No literal, pero sí celestial.

Un fuego que me invadió por dentro, que me quemaba las dudas, los traumas, las heridas.

Esa noche entendí algo:

el bautismo en agua me había lavado...

pero el bautismo de fuego me había activado.

Ya no era solo una sobreviviente.

Ahora era una portadora de luz.

Y con cada día que pasaba,

el deseo de ayudar, de servir, de compartir mi historia...

crecía como una semilla regada por las lágrimas de mis oraciones.

El pasado ya no me definía.

Ahora, lo usaba como plataforma.

Y desde ese momento supe:

Todo lo que viví, no fue en vano.

Dios me estaba preparando para algo grande.

Y apenas estaba comenzando.

Entre libros y propósito

Brooklyn College no fue solo una universidad para mí.

Fue un altar. Un campo de batalla.

Una plataforma de destino.

Mientras otros iban a clases con mochilas livianas,

yo cargaba no solo libros...

cargaba historia.

Cargaba cicatrices.

Cargaba promesas de Dios aún por cumplirse.

Y, aun así, caminaba con la cabeza en alto.

No porque me creyera más,

sino porque sabía lo que me había costado llegar hasta allí.

Además de estudiar,

conseguí un trabajo dentro del mismo campus,

un programa llamado *Work-Study*.

Trabajaba en oficinas administrativas,

archivando papeles, organizando material, respondiendo llamadas.

No era glamoroso, pero era un sustento.

Era dignidad.

Era oportunidad.

Era una semilla que sabía que iba a dar fruto.

Salía de clase, me iba a trabajar.

Después, a veces, me iba a servir a la iglesia.

Dormía poco. Pero vivía con propósito.

Recuerdo mirar por la ventana de la oficina donde trabajaba

y ver estudiantes corriendo de un lado a otro.

Algunos se quejaban de las tareas. Otros no valoraban lo que tenían.

Y yo... yo solo sonreía, porque sabía que estar allí no era casualidad.

Era cumplimiento. Era redención.

Era Dios diciéndome:

—*Yo cumplo lo que prometo.*

Mientras archivaba documentos,

también archivaba sueños.

Mientras organizaba informes,

también organizaba mi futuro.

No tenía lujos.

A veces no tenía ni para comprar un café entre clases.

Pero lo que sí tenía,

era un fuego en el alma que ningún obstáculo podía apagar.

Y fue allí, entre carpetas y cuadernos,

donde Dios me dijo:

—*Estás plantada en terreno fértil, hija.*

Sigue creciendo.

Sigue dando fruto.

Tu historia apenas comienza.

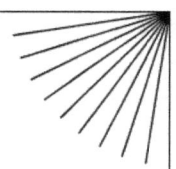

CAPÍTULO 11

Al Volante del Propósito
Trabajo de taxista

El aula me formaba.

La iglesia me fortalecía.

Pero el mundo real... ese me empujaba a tomar decisiones valientes.

Fue entonces cuando llegó la oportunidad.

Un amigo de mi hermana Lourdes, conmovido por mi historia,

decidió prestarme $5,000.

—Para que compres un carro y un radio, Nuriss.

Tú puedes. Ve tras lo tuyo. —me dijo con una fe que encendió algo dentro de mí.

Y aunque era una inversión arriesgada...

yo no lo dudé.

Sabía que trabajar como taxista en Nueva York no era cosa fácil.

Menos para una mujer.

Menos para una joven.

Menos para alguien que aún estudiaba y venía de tanto dolor.

Pero esa era justamente la gasolina que me impulsaba.

Con esos $5,000, compré un carro modesto,

y un radio para comunicarme con la base,

como era costumbre en ese entonces.

Nada de aplicaciones, nada de tecnología avanzada.

Era una radio, una voz en el oído,

y el coraje de decir:

Estoy lista para la próxima llamada.

Durante el día, era estudiante.

Durante la noche, me convertía en la taxista que rompía esquemas.

Y vaya si lo hacía.

Muchos clientes se sorprendían al verme.

Algunos se quedaban mirando,

otros se reían con admiración:

—¡Una mujer taxista! ¿Dónde se ha visto eso?

—Aquí. Conmigo.

Y siéntese bien, que lo llevo seguro.

Las propinas eran buenas,

pero mejor era la sensación de estar tomando el volante de mi vida.

Recorría calles, avenidas, callejones, autopistas...

cada ruta una historia.

Cada pasajero, una enseñanza.

Cada noche, una victoria.

A veces salía del trabajo con los pies adoloridos,

con las manos tensas de tanto conducir,

con los ojos a medio cerrar por el cansancio.

Pero me miraba al espejo y decía:

—Nuriss, lo estás logrando.

Estás haciendo historia.

Y no era solo por el dinero,

ni por el carro,

ni por la radio.

Era porque cada vez que encendía el motor...

sentía que el cielo también me decía:

—Sigue conduciendo, hija.

El destino está adelante.

Y tú lo estás alcanzando.

Ser taxista era más que manejar.

Era como vivir guiada por una frecuencia divina,

aunque yo solo escuchara el ruido de la radio.

Aquella noche estaba fría,

las calles de Nueva York brillaban con los reflejos de los semáforos y los pensamientos cansados de la ciudad.

Yo era el vehículo 71,

y mi jornada estaba por terminar.

—Base a vehículo 71. Hay una llamada en la calle 112 con Lexington. ¿La tomas?

Tomé el micrófono con rapidez:

—Aquí 71. En camino.

Me dirigí al lugar.

El silencio de la ciudad parecía acompañarme.

Pero mi corazón latía fuerte...

como si algo especial estuviera por pasar.

Un hombre de mediana edad se subió al asiento trasero.

Bien vestido, sereno, pero con una mirada...

que hablaba de muchas batallas internas.

—A la 5ta Avenida, por favor."

—Con mucho gusto," —respondí, enfocándome en el camino.

Durante el trayecto, no hablamos casi nada.

Solo el murmullo de la ciudad y la respiración entrecortada del cansancio.

La carrera marcó $7.

Pero la lección que traía... no tenía precio.

Él metió la mano en su abrigo,

sacó su billetera...

y empezó a contar.

Uno.

Dos.

Tres...

¡Trescientos dólares!

Me los extendió sin titubeos y con una sonrisa que llevaba gratitud sincera.

—Esto es para ti.

Por tu esfuerzo, por tu respeto,

y porque no todo el mundo tiene tu valor.

Y sin esperar respuesta, se bajó del carro.

Y se perdió entre los edificios de la gran ciudad.

Yo me quedé paralizada.

$300 de propina...

por una carrera de $7.

Mis ojos se llenaron de lágrimas.

Apreté el volante con fuerza.

Y en voz baja,

entre sollozos de gratitud,

le dije a Dios:

—Gracias.

Gracias porque sé que fuiste tú.

Tú siempre provees. Tú siempre sorprendes.

Esa noche entendí que, aunque el mundo no te vea,

aunque el esfuerzo parezca invisible...

Dios está tomando nota.

Y cuando Él paga, lo hace a su manera... y con interés celestial.

Desde aquella noche en que recibí $300 por una carrera de solo $7, algo en mí se encendió.

Ya no esperaba solo pasajeros...

esperaba milagros.

Y llegaron.

Una y otra vez.

Día tras día,

me encontraba con personas completamente distintas,

pero con un gesto en común:

me miraban...

y algo en su rostro cambiaba.

Era como si vieran en mí

no solo una chofer...

sino una historia. Una lucha.

Un alma valiente.

Y entonces... me bendecían.

Recuerdo una tarde en que tomé una llamada para recoger a alguien rumbo al aeropuerto JFK.

El tráfico estaba complicado,

la ciudad hervía de movimiento,

y yo iba orando en mi interior:

—Señor, si tú estás conmigo, muéstrame que no estoy sola.

El pasajero era un hombre mayor,

muy amable, de hablar pausado, con ojos cansados y sabiduría en su voz.

Conversamos poco, pero algo lo tocó.

Algo lo conmovió.

Cuando llegamos al aeropuerto y marcó el taxímetro,

vi la cantidad justa: $40.

Saqué la mano para recibir el pago,

y entonces… sucedió.

Él me extendió un montón de billetes.

¡$500! Y dijo:

—Para ti, joven.

Porque algo en ti me dice que lo necesitas.

Y porque **el mundo necesita más mujeres como tú.**

Yo no podía hablar.

Solo lloré.

Lloré y lloré.

Con el dinero en las manos y el corazón en el cielo.

Cada noche regresaba a casa con el alma llena.

No solo por las propinas.

Sino porque sabía que Dios me estaba usando,

me estaba probando…

y me estaba mostrando que aún en medio del trabajo más inesperado,

Él puede brillar.

Y lo hacía.

A través de mí.

Semillas de abundancia

Pasaron los días...

pasaron las carreras...

pasaron los pasajeros,

y con ellos, pasaron también los milagros.

Cada dólar que llegaba no era solo dinero:

era una semilla.

Y como toda buena sembradora,

yo no solo recogía...

yo guardaba.

Yo sembraba en mí. En mi futuro. En mi libertad.

Con cada propina inesperada,

con cada noche que llegaba exhausta pero llena de gratitud,

mi cuenta bancaria —la misma que un día estuvo vacía—

comenzó a crecer.

Y mientras todos los demás choferes —hombres todos—

me veían llegar a la base con determinación,

no sabían que estaban presenciando la historia de una pionera.

—¿Cómo tú aguantas tantas horas manejando sola?

—¿Y no te da miedo andar por ahí de noche?

—¿Y cómo haces para que siempre te den buenas propinas?

Yo solo sonreía.

No podían entender que había una gracia sobre mí que no se podía explicar.

Una mujer sola, sí...

pero respaldada por el cielo.

Mi meta era clara: ahorrar. Invertir. Salir adelante.

Y entonces llegó el momento que había estado esperando...

Pagar mi deuda.

Honrar a quien confió en mí.

Su nombre era Leo.

Un amigo de mi hermana Lourdes.

Un hombre que no me conocía tanto, pero que sí creyó en mí cuando más lo necesitaba.

Él me prestó $5,000 para comprar mi primer carro y el radio que me conectaría con la base.

Y gracias a ese gesto…

comenzó todo.

Con cada propina guardada,

con cada dólar separado con disciplina,

fui reuniendo lo necesario.

Y un día, con el corazón lleno de emoción,

lo llamé y le dije:

—Leo, aquí está.

Cada centavo que me prestaste.

Y con él, mi eterna gratitud.

Él sonrió.

Yo lloré.

Y ambos sabíamos que esa transacción no sólo era económica…

era espiritual.

Era redentora.

Era parte de la historia de una mujer que jamás se rindió.

Hasta el día de hoy,

agradezco profundamente a Leo.

Porque sin saberlo, él fue una pieza clave en el plan de Dios para mi vida.

Ladrillos de propósito

Había trabajado duro.

Había llorado, orado, manejado, y resistido.

Ahora... había llegado el momento de construir.

Ya no estaba pidiendo prestado.

Ahora estaba invirtiendo.

Con los ahorros que había reunido como taxista,

con el respaldo de Dios y la experiencia que la vida me había dado, tomé una decisión valiente:

abrir mi propia oficina.

La primera fue en la 57th Street con la 4ta Avenida en Brooklyn.

Una pequeña pero poderosa oficina que empezó como agencia de viajes y notario público.

Yo misma decoré aquel lugar con mis propias manos,

poniendo cada detalle como si estuviera levantando una embajada del cielo.

Porque eso era para mí:

un testimonio vivo de lo que Dios puede hacer con una vida entregada.

Llegaban personas de todas partes buscando ayuda:

pasajes, trámites, cartas, consejos.

Y yo estaba ahí para servir.

Pero algo dentro de mí me decía que aún había más…

algo que me empujaba a mirar más alto.

Y entonces sucedió.

Tomé otro paso.

Abrí una segunda oficina.

Esta vez, en la 54th Street… y esta sí era distinta.

Esta era de Bienes Raíces.

¡Había nacido mi carrera profesional!

Había pasado de dormir en trenes a ayudar a otros a encontrar su hogar.

De no tener un techo, a vender techos para familias completas.

De no saber qué iba a comer…

a firmar contratos con clientes que confiaban en mí.

Era oficial:

yo, **Nuriss**, era **broker**.

Y mi historia apenas comenzaba.

Miraba mis oficinas con los ojos brillando y el corazón vibrando.

Recordaba cada sacrificio, cada lágrima, cada noche de frío…

y entendía que todo había valido la pena.

Porque donde otros veían una puerta...

yo veía una **misión**.

Cada cliente era una vida.

Cada propiedad, una semilla de futuro.

Cada firma, una celebración del cielo.

El primer gran cierre

Los papeles estaban listos.

El contrato sobre la mesa.

La tinta aún fresca.

Mi corazón latía como un tambor de guerra...

pero no de miedo,

sino de conquista.

Después de tanto esfuerzo, después de noches sin dormir,

de días caminando calles, visitando propiedades, hablando con personas,

finalmente había llegado ese momento.

Mi primer gran cierre.

El cliente me miró a los ojos y firmó.

Su confianza era absoluta.

Yo le había mostrado el camino con transparencia, dedicación y fe.

Y ahora… estaba cerrando la venta.

La comisión fue de $25,000.

¡Veinticinco mil dólares!

Nunca había tenido esa cantidad junta, jamás.

Sentí que el cielo entero celebraba conmigo.

Y no era solo por el dinero.

Era por todo lo que representaba.

Representaba cada lágrima escondida en un vagón de tren.

Cada oración dicha con la voz temblando.

Cada jornada manejando taxis, cada noche que pasé sin saber qué sería de mí.

Y ahora…

estaba allí.

Firmando contratos.

Siendo dueña de mi negocio.

Escribiendo una nueva historia con cada letra.

Cuando salí de esa oficina con el cheque en mano,

lloré.

Lloré con un llanto que venía desde las entrañas.

Un llanto de agradecimiento, de satisfacción, de asombro.

—Señor, — le dije mirando al cielo—

Gracias. Gracias por no soltarme.

Gracias por creer en mí cuando nadie más lo hacía.

Gracias por no dejarme rendir.

Ese fue solo el principio.

Desde ese día, **mi confianza se disparó.**

Sabía que no estaba improvisando.

Sabía que estaba exactamente donde tenía que estar.

La niña que una vez pidió cinco centavos en una estación del tren

ahora escribía cifras de miles en una mesa de cierre.

Y yo sabía, muy dentro de mí,

que ese cheque

era solo el primero.

Porque cuando Dios abre una puerta,

el flujo no se detiene.

Solo crece.

De clientes a propietarios

Mi oficina estaba viva.

Se escuchaba el teclear de computadoras, el sonido de la impresora, el murmullo de conversaciones,

el aroma a café por las mañanas,

y sobre todo, el aire de propósito que se respiraba entre cada trámite y cada consulta.

Tenía una agencia de viajes.

Ofrecía servicios de notaría, de contabilidad y de preparación de impuestos.

Y con el tiempo, algo extraordinario comenzó a ocurrir...

Los mismos clientes que venían a hacer sus impuestos,

que buscaban un pasaje,

o que necesitaban enviar dinero...

también empezaron a escucharme hablarles de un sueño más grande.

—¿Y tú todavía estás pagando renta? —les preguntaba con esa sonrisa segura que me caracterizaba.

—¿Tú sabías que con ese mismo dinero puedes ser dueño de tu casa?

—Yo te ayudo. Yo te explico paso a paso. Mira, si tú puedes pagar $1,800 de alquiler, tú puedes pagar una hipoteca. ¡Tú puedes ser dueño!

Y así, sembré la primera semilla.

Uno por uno, comenzaron a interesarse.

Personas que nunca imaginaron ser dueñas de nada...

comenzaron a soñar.

Y más que eso: comenzaron a actuar.

Yo les explicaba todo: cómo funcionaba el crédito,

cómo calificar,

cuáles eran los pasos del proceso,

qué se necesitaba para un préstamo,

cómo preparar sus documentos...

yo los educaba.

Y eso me convirtió no solo en *broker*, **sino en guía.**

¡Mi portafolio de clientes había nacido!

Y no fue porque los busqué...

fue porque los serví.

Cada historia era diferente.

Un mecánico. Una enfermera. Una madre soltera. Un recién llegado.

Todos con una necesidad en común:

alguien que creyera en ellos.

Y yo, que alguna vez no tuve ni techo...

me convertí en la mujer que les entregaba las llaves de su propio hogar.

Así empezó ese flujo imparable de clientes.

No por publicidad.

Sino por **palabra viva. Por testimonio. Por transformación.**

Porque donde otros veían números,

yo veía familias.

Veía historias.

Veía sueños que merecían convertirse en realidades.

CAPÍTULO 12

La llave de un sueño

El sol se filtraba por las esquinas de la Sexta Avenida en Brooklyn,

ese día parecía más brillante, como si hasta el cielo supiera

que algo sagrado estaba a punto de suceder.

Tenía en mi mano un llavero plateado.

Brillaba como una promesa cumplida.

Era la primera llave que entregaría en mi carrera…

y no a cualquiera.

Sino a Aurora Sánchez.

Aurora era una mujer luchadora, madre, soñadora.

Había vivido toda su vida creyendo que la propiedad de una casa

era un lujo para otros, pero no para ella.

—Nunca pensé que yo podría ser dueña de una casa aquí en Nueva York—

me dijo la primera vez que nos sentamos a hablar de bienes raíces.

Y yo le respondí con fe en los ojos:

—Aurora, claro que puedes. Lo único que necesitas es creerlo...

y yo te ayudo con el resto.

La orienté paso a paso.

Crédito. Precalificación. Documentos. Inspección. Cierre.

Y ahora, estábamos paradas frente a su casa...

una casa con la que ella había soñado,

pero nunca se había atrevido a imaginar tan cerca.

—¿Estás lista? —le pregunté mientras extendía la llave.

Aurora temblaba.

Sus ojos brillaban con emoción contenida.

—¿Esto es real? —susurró— ¿Esta casa... es mía?

Cuando sus dedos tocaron el llavero,

una lágrima silenciosa rodó por su rostro.

Y en ese momento, **yo también lloré.**

La acompañé hasta la puerta.

La abrió con manos temblorosas...

y dio su primer paso como propietaria.

Las paredes parecían recibirla con brazos abiertos.

Los espacios vacíos ya estaban llenos de promesas.

El silencio del hogar hablaba de esperanza.

—Aquí... aquí voy a descansar.

Aquí voy a construir un nuevo comienzo.

—dijo Aurora con la voz quebrada pero llena de determinación.

Yo me quedé unos segundos en la acera,

mirándola caminar por su nuevo hogar.

Y en mi corazón, algo hizo clic.

No estaba solo entregando llaves.

Estaba activando destinos.

Estaba respondiendo a un llamado mayor que yo.

Desde ese día, supe que cada propiedad vendida era una victoria colectiva.

Una conquista compartida entre Dios, el esfuerzo humano…

y un poquito de mí.

Voz que encendió el sueño

"Why rent when you can own?"

¿Por qué pagar renta… cuando puedes ser dueño?

Esa pregunta no era solo un argumento de ventas.

Era un llamado.

Era un despertar.

Las personas llegaban a mi oficina buscando llenar sus impuestos,

comprar un pasaje, firmar un poder notarial…

y salían de allí con una semilla de esperanza plantada en el corazón.

Comenzaron a correr la voz.

Primero uno.

Luego cinco.

Después, decenas.

Mi oficina se llenaba.

Mi agenda explotaba.

Y mis líneas telefónicas no paraban de sonar.

—Tú eres la mujer que ayuda a la gente a comprar casa, ¿verdad?

—Yo quiero que tú me ayudes también.

—Mi primo me habló de ti.

—Mi vecina me dijo que gracias a ti ahora es dueña.

Y así nació un movimiento.

Personas que jamás pensaron tener una propiedad

comenzaron a creer que sí era posible.

Mi voz, mi convicción, mi experiencia...

se convirtieron en herramientas de liberación.

Era como si Dios usara mi historia —la niña que una vez no tenía dónde dormir—

para ahora recordarle al mundo que sí se puede.

Que sí hay un camino.

Que sí existe una puerta abierta.

Y lo más hermoso es que yo no tenía que convencer a nadie.

Los resultados hablaban por mí.

Las llaves entregadas.

Las familias celebrando.

Los contratos firmados con lágrimas en los ojos.

"Why rent when you can own?"

Era más que una frase.

Era mi bandera.

Mi testimonio.

Mi guerra ganada.

Cuando mi oficina empezó a florecer y los clientes no paraban de llegar, entendí algo muy claro:

el propósito no era solo vender casas...

era levantar a otros para que también pudieran transformar vidas.

Y fue así como mi misión se multiplicó.

No solo ayudaba a personas a comprar propiedades,

también empecé a formar agentes, a entrenarlos, a inspirarlos.

A darles las herramientas que yo nunca tuve.

Les enseñaba todo:

cómo hablar con los clientes,

cómo escuchar sus necesidades,

cómo entender el mercado,

cómo caminar con fe y dignidad en cada cierre.

No era solo capacitación técnica...

era formación con propósito.

Y pronto, la oficina se llenó de nombres que aún resuenan en mi memoria con orgullo:

Nilva, con su risa dulce y su corazón servicial.

Toribio, siempre dispuesto a salir corriendo a mostrar una propiedad a última hora.

Santo, sereno, paciente, pero con una fuerza interna que inspiraba respeto.

Rosa, tan decidida y determinada como un roble que no se dobla ante el viento.

Buzina, carismática, con una energía que atraía a todos los clientes.

Milly, detallista, apasionada, meticulosa con cada transacción.

Daisy, que se volvió experta en ayudar a familias grandes a encontrar su hogar ideal.

Johanny, una guerrera en tacones, que aprendió rápido y voló alto.

Y muchos, muchos más.

Cada uno llegó con su historia,

con sus luchas, con sus miedos...

pero también con hambre de aprender.

Y conmigo aprendieron a servir, a brillar, a cerrar con integridad.

Me sentaba con ellos como una madre con sus hijos,

les compartía no solo mis técnicas,

sino mis cicatrices.

Porque quería que supieran que sí se puede,

pero hay que pelear por cada sueño.

Y cuando veía a uno de ellos entregar su primera llave,

o recibir su primer cheque,

yo sentía que estaba viendo la cosecha de mis desvelos.

De ser una mujer sola con un taxi...

ahora tenía un equipo de agentes,

de líderes,

de hacedores de milagros en la tierra.

Porque cada propiedad cerrada por uno de ellos

era también una victoria mía...

y del Reino.

Mi primer hogar, mi propia llave

Había ayudado a tantas personas a conseguir su casa...

había entregado llaves, compartido abrazos,

presenciado lágrimas de emoción en cientos de clientes...

Pero esa vez, la llave era para mí.

Después de años de esfuerzo, trabajo, aprendizaje y lucha,

llegó el momento de firmar mi propia escritura.

La propiedad estaba en Queens.

Un vecindario con vida, historia y alma.

Las calles me daban la bienvenida como si supieran

que no era una compradora más...

sino una sobreviviente que había llegado a su promesa.

Entré por la puerta con la llave temblando en mi mano.

No era solo una casa...

era la confirmación de todo lo que había vivido... no fue en vano.

Las paredes parecían abrazarme.

El piso crujía bajo mis pies como si celebrara cada paso.

El eco de mi voz en la casa vacía sonaba como un canto de victoria.

—¡Esta casa es mía! —dije en voz alta,

y me eché a llorar.

Recordé todo:

Las noches en el tren.

Las estaciones frías.

El banco. Las injusticias.

Las oraciones en silencio.

Las puertas cerradas.

Y ahora... esta puerta se abría solo con mi llave.

Viví allí por un tiempo hermoso,

rodeada de mis primeras plantas, de mis primeras decoraciones,

de la paz que da tener un lugar que puedes llamar tuyo.

Era un hogar sencillo,

pero en sus rincones vivía mi historia.

En cada ventana, un suspiro de gratitud.

En cada habitación, un testimonio vivo.

Esa casa en Queens no era el final... era el comienzo.

Más adelante vendría Long Island, vendrían nuevas etapas...

pero esa primera propiedad siempre tendrá un lugar sagrado en mi alma.

Porque fue ahí, entre esas paredes,

donde entendí que Dios no solo me había dado techo...

sino propósito,

autoridad,

y territorio.

CAPÍTULO 13

Territorio conquistado

Después de tener mi primer hogar en Queens,

algo dentro de mí comenzó a latir con fuerza.

Ya no se trataba solo de vivir...

se trataba de poseer.

De dejar legado.

De multiplicar.

Y así fue como comenzaron a llegar las oportunidades.

Como si el cielo se hubiera alineado con mis pasos,

comencé a escuchar sobre propiedades multifamiliares disponibles.

Casas de dos y tres familias.

Y lo más sorprendente: **estaban a mi alcance.**

No fue casualidad.

Fue la gracia y el favor de Dios envolviéndome.

Guiándome.

Confirmándome que había llegado el momento de subir de nivel.

Mi corazón palpitaba cada vez que entraba a una propiedad.

Las paredes podían estar desgastadas,

los techos bajos,

las ventanas viejas...

pero yo no veía ruinas.

Yo veía futuro.

La primera propiedad multifamiliar que compré fue una casa de dos familias.

Apenas cerré el trato,

algo dentro de mí se quebró... y se elevó al mismo tiempo.

Era como si el Señor me dijera:

—Te prometí que te daría casa...

pero también te daría territorio.

Después de esa compra, todo comenzó a fluir.

Adquirí una propiedad en Smith Street,

en pleno corazón de Downtown Brooklyn.

Donde otros veían solo ruido, tráfico y caos urbano,

yo veía una mina de oro.

Una zona de alto tránsito, ideal para inversión,

con fácil acceso al metro, a oficinas, restaurantes y comercios.

Sabía que sería una joya con el tiempo.

Y así fue.

Luego, me posicioné en Park Slope,

una de las zonas más elegantes y deseadas de Brooklyn.

Árboles que tocaban el cielo,

calles tranquilas con arquitectura histórica,

familias jóvenes, profesionales, artistas...

y ahora también: **yo.**

Y como si fuera poco,

El Señor me llevó a la Quinta Avenida de Brooklyn.

Una zona estratégica, vibrante, llena de movimiento.

Ahí también dejé mi huella,

y sumé una propiedad más a mi portafolio bendecido.

Cada adquisición fue una declaración de fe.

De que sí se puede, cuando Dios va delante.

A cada propiedad le puse mi sello.

Las mejoraba, las cuidaba, las honraba.

No era una simple inversionista,

era una administradora del favor.

Los alquileres comenzaron a generar ingresos estables.

La plusvalía subía cada año.

Y mi nombre empezó a ser reconocido no solo como *broker*

sino como inversionista.

Como referente.

Como mujer de influencia.

Y todo eso...

comenzó con una llave.

Y con una promesa:

que, si confiaba en Dios,

Él me daría mucho más de lo que alguna vez perdí.

Long Island – Donde la tierra se volvió reposo

Después de años sembrando en Brooklyn,

levantando oficinas, entregando llaves,

y expandiendo mi portafolio de propiedades...

el Señor me llevó a una nueva etapa.

Una etapa de paz.

Una etapa de tierra firme.

Long Island. Nassau County.

No era solo un cambio de vecindario,

era una transición en mi alma.

Un regalo de reposo.

Una promesa cumplida.

El día que entré por la puerta de esa casa,

mi corazón se estremeció.

Había algo distinto en el aire.

Era como si toda la historia de mi vida susurrara:

"Ahora es tiempo de habitar, no solo sobrevivir."

La casa era amplia, luminosa,

con un jardín que se convertía en mi santuario.

Los árboles se mecían con el viento,

como si celebraran mi llegada.

Y yo, que una vez dormí en trenes y estaciones...

ahora tenía mi propio rincón de cielo.

Viví allí por años.

Allí descansé.

Allí sané.

Allí recobré fuerzas.

Allí lloré por todo lo vivido.

Y también reí con libertad por todo lo conquistado.

Cada mañana, el canto de los pájaros se mezclaba con mis oraciones.

El sol filtrándose por las cortinas era más que una luz natural:

era el reflejo de la presencia de Dios diciéndome:

"Tú estás en tu tierra prometida."

En ese hogar descubrí nuevas cosas sobre mí.

Aprendí a amarme,

a disfrutar del silencio,

a cultivar flores,

a tomar té en paz...

y a preparar lo que vendría después.

Porque desde esa casa, comencé a soñar más grande.

Comencé a planificar nuevos negocios.

A escribir.

A trazar los próximos pasos.

Era mi base,

mi nido,

mi refugio sagrado.

Allí en Long Island, mi historia no se detuvo...

se fortaleció.

Fue en Nassau County donde mi espíritu aprendió a descansar...

y mi mente se preparó para seguir conquistando.

Y cada vez que salía al jardín,

con los pies descalzos sobre el pasto fresco,

miraba al cielo y decía:

—**Gracias, Señor.**

Porque tú no solo me diste casa...

me diste hogar.

Me diste identidad.

Me diste reposo.

Y esta tierra...

también la hiciste mía.

CONCLUSIÓN

Hasta aquí... pero no el final

CONCLUSION

There is soul, person and deal

Si llegaste hasta aquí, gracias.

Gracias por caminar conmigo por calles frías,

por sentarte a mi lado en los trenes vacíos,

por llorar mis lágrimas silenciosas y también por celebrar mis victorias.

Cada página de este libro fue escrita con el alma.

Cada palabra nació de lo más profundo de mis memorias,

de una vida marcada por pruebas...

pero también por promesas cumplidas.

Esta no es solo la historia de una niña que viajó sola con el corazón lleno de sueños.

Esta es la historia de alguien que creyó...

cuando no había razones.

Que resistió... cuando todo decía que no.

Que se sostuvo... cuando el mundo le soltó la mano.

Esta es mi historia.

Pero también puede ser la tuya.

Porque si hay algo que he aprendido,

es que el mismo Dios que me levantó a mí,

también puede levantarte a ti.

Hoy cierro esta primera edición aquí...

En Florida, USA

en esta casa que es mi descanso,

mi refugio, mi altar.

Pero mi historia no termina aquí.

No, mi querido lector.

Lo mejor está por contarse.

Quedan muchas páginas por escribir,

muchas batallas que libré,

y muchas más conquistas que logré.

"To be continued..."

Porque mientras haya aliento en mi pecho,

seguiré compartiendo cada parte de este testimonio vivo.

Gracias por acompañarme.

Gracias por creer conmigo.

Gracias por leerme... y sentirme.

Con mucho amor,

Nuriss

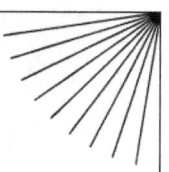

ORACIÓN FINAL

Que esta historia despierte tu propósito

Querido Dios,

Gracias por cada vida que llegó a estas últimas páginas.

Tu conoces su historia, su dolor, sus noches de insomnio y sus preguntas sin respuesta.

Hoy, pido de todo corazón que lo que han leído no sean solo palabras en una página...

sino un soplo de esperanza, un fuego que encienda el alma, una confirmación de que no están solos.

Derrama tu gracia sobre cada lector.

Sana sus heridas, abre un camino donde parece no haberlo y fortalece sus pasos.

Recuérdales que el dolor no define su destino,

sino que Tú, Señor, usas incluso las lágrimas como semillas para cosechar la gloria, donde el esfuerzo y el dolor iniciales se convierten en alegría y abundancia.

Que esta historia no termine aquí...

sino que despierte sueños latentes, conmueva corazones

y sea un testimonio de que Tú sigues siendo el Dios de los milagros.

Declaro sobre cada persona que tenga este libro:

que su vida será transformada,

que su propósito se activará,

y que lo que está por venir será mucho mejor que lo que quedó atrás.

Y oro para que cada lector sea bendecido por Ti, Señor.

Que todo lo que toquen prospere.

Que tu promesa eterna se cumpla en sus vidas, como está escrito en Deuteronomio 28:8:

"El Señor enviará bendiciones a tus graneros

y a todo lo que emprendas.

El Señor tu Dios te bendecirá en el país que te da".

Que Dios te bendiga abundantemente.

Que este libro sea una semilla de fe, propósito y multiplicación en tu vida.

En el poderoso nombre de Jesús,

AMÉN.

FOTOGRAFÍAS Y CARTAS DE MIS PADRES

Sobres con sellos y direcciones mostrando matasellos y la caligrafía de mis padres.

Estas imágenes y cartas son tesoros de mi camino. Cada fotografía guarda un recuerdo, un momento que marcó mi vida. Cada carta de mis padres fue un faro en la oscuridad, un recordatorio de que, aun en la distancia, su amor estaba conmigo. Las comparto aquí para que este libro no esté hecho solo de palabras, sino también de rostros, memorias y huellas imborrables..

Nuriss Clark

Es una mujer cuya vida encarna resiliencia, propósito y transformación. Graduada en Teología de la Universidad Cristiana LOGOS en Jacksonville, Florida, con un Associate Degree en Estudios Bíblicos, también es Broker de Bienes Raíces con licencia en Florida y Nueva York.

En sus veintes, abrió su primera oficina de bienes raíces en Brooklyn, NY, y gracias al alto volumen de ventas, fue reconocida por Dunn & Bradstreet como una nueva empresa generando millones de dólares en ventas durante su primer trimestre.

Durante más de 20 años, ha trabajado en diversas ramas del sector inmobiliario: residencial, comercial e industrial. También ha sido broker hipotecaria, aseguradora, especialista en impuestos y contabilidad, con amplio dominio de programas como FHA, VA, préstamos convencionales y otros productos financieros.

Pero más allá de su impresionante trayectoria, es una mujer que eligió transformar su dolor en propósito.

Siendo apenas una adolescente, emigró sola a los Estados Unidos sin familia que la recibiera y con solo 32 dólares en el bolsillo. Durmió en estaciones de tren, enfrentó abusos, traiciones y hambre... pero jamás perdió la fe ni la esperanza.

Su historia es un testimonio viviente del poder de la fe, la perseverancia y la gracia de Dios. De la nada, se convirtió en empresaria, inversionista y ahora autora motivacional, comprometida con inspirar a otros a nunca rendirse.

Su libro, "Mi Vida Impactante: Del Dolor al Propósito", no solo cuenta una historia... despierta, empodera y eleva. Hoy, Nuriss vive con gratitud, comprometida con su llamado y decidida a dejar un legado de esperanza, fortaleza y fe.

/pod-product-compliance